COMPANIONUL ESENTIAL DE LAVANDA 2024

Descoperirea frumuseții și versatilității lavandei prin 100 de delicii

Gabriel Gheorghiu

Material cu drepturi de autor ©2024

Toate drepturile rezervate

Nicio parte a acestei cărți nu poate fi utilizată sau transmisă sub nicio formă sau prin orice mijloc fără acordul scris corespunzător al editorului și al proprietarului drepturilor de autor, cu excepția citatelor scurte utilizate într-o recenzie. Această carte nu trebuie considerată un substitut pentru sfaturi medicale, juridice sau alte sfaturi profesionale.

CUPRINS

- CUPRINS 3
- INTRODUCERE 6
- **MIC DEJUN ȘI BRUNCH** 7
  - 1. CROISSANT CU MIERE DE LAVANDĂ 8
  - 2. CIOCOLATA CALDA CU LAVANDA 10
  - 3. CAFEA CU GHEAȚĂ LAVANDĂ DALGONA 12
  - 4. CRÊPE DE CAISE-LAVANDĂ S 14
  - 5. LAPTE DE LAVANDĂ 17
  - 6. OVĂZ PESTE NOAPTE CU CIREȘE LAVANDĂ 19
  - 7. GOGOȘI CU MIERE DE LAVANDĂ 21
  - 8. CLATITE CU LAVANDA 23
  - 9. BISCOTTI CU LAVANDĂ ȘI FISTIC 25
  - 10. PÂINE CU PLANTE DE LAVANDĂ 28
  - 11. BRIOȘE CU LAVANDĂ ȘI AFINE 30
  - 12. CLATITE CU AFINE CU LAVANDA 32
  - 13. PARFAIT DE IAURT CU LAVANDĂ 34
  - 14. TOAST FRANȚUZESC CU INFUZIE DE LAVANDĂ 36
  - 15. SCONES CU LAVANDĂ ȘI LĂMÂIE 38
  - 16. BUDINCĂ DE CHIA, VANILIE, LAVANDĂ 40
  - 17. PÂINE CU BANANE CU LAVANDĂ 42
  - 18. BRIOSE CU CEAI EARL GREY DE LAVANDĂ 44
- **GUSTĂRI ȘI APERITIVE** 46
  - 19. PATRATELE LIMONCELLO CU LAVANDA 47
  - 20. MADELEINE CU MIERE DE LAVANDĂ 49
  - 21. BROWNIES INFUZAT CU CEAI EARL GREY DE LAVANDĂ 51
  - 22. FURSECURI CU LAVANDA 53
  - 23. MINI PLĂCINTE CU CĂPȘUNI CU CREMĂ DE LAVANDĂ 55
  - 24. BUFĂTURI CU OREZ KRISPY CU LAVANDĂ 58
  - 25. FĂINĂ DE OVĂZ CU LAVANDĂ, BILE ENERGETICE FĂRĂ COACERE 61
  - 26. PROFITEROLE DE MIERE DE LAVANDĂ 63
  - 27. CHURROS CU ZAHĂR DE LAVANDĂ 65
  - 28. HUMMUS DE LAVANDĂ CU CHIPSURI PITA 67
  - 29. POPCORN CU INFUZIE DE LAVANDĂ 69
  - 30. CROSTINI CU BRÂNZĂ DE CAPRĂ LAVANDĂ 71
  - 31. NUCI PRĂJITE CU LAVANDĂ ȘI ROZMARIN 73
  - 32. OUĂ DE LAVANDĂ ȘI LĂMÂIE 75
  - 33. BRIE LA CUPTOR CU LAVANDĂ ȘI MIERE 77
  - 34. GUACAMOLE CU LAVANDĂ ȘI LĂMÂIE 79
  - 35. ROȘII UMPLUTE CU BRÂNZĂ ȘI LAVANDĂ 81
- **FORM PRINCIPAL** 83
  - 36. MUȘCHIU DE PORC GLAZURAT CU MIERE DE LAVANDĂ 84

37. PUI GLAZURAT CU MIERE DE LAVANDĂ 86
38. LAVANDĂ LĂMÂIE SOMON LA GRĂTAR 88
39. RISOTTO CU CIUPERCI CU INFUZIE DE LAVANDĂ 90
40. COTLETE DE MIEL CU CRUSTĂ DE LAVANDĂ ȘI IERBURI 92
41. FRIGARUI DE PUI LA GRATAR CU LAVANDA SI LAMAIE 94
42. COD LA CUPTOR CU CRUSTĂ DE LAVANDĂ ȘI IERBURI 96
43. COTLETE DE PORC LA GRĂTAR CU LAVANDĂ ȘI ROZMARIN 98
44. SALATA DE QUINOA CU LAVANDA CU LEGUME 100

DESERT 102

45. BAVAROIS DE LAVANDĂ 103
46. CIOCOLATA LAVANDA DACQUOISE 105
47. MACARONS CU LAVANDĂ ȘI MURE 108
48. OALĂ DE CREMĂ CU LAVANDĂ 112
49. CREMA BRULÉE DE LAVANDA 114
50. ÎNGHEȚATĂ EARL GREY CU LAVANDĂ 116
51. MOUSSE DE CIOCOLATĂ ALBĂ CU LAVANDĂ 118
52. FISTIC LAVANDĂ SEMIFREDDO 121
53. SANDVIȘURI CU ÎNGHEȚATĂ CU LAVANDĂ EARL GREY 124
54. SORBET DE LAVANDĂ 126
55. GELAT CU MIERE DE LAVANDĂ AFFOGATO 128
56. FLAN DE LĂMÂIE ȘI LAVANDĂ 131
57. POPSICLES CU MIERE DE LAVANDĂ 133
58. PANNA COTTA DE LAVANDĂ CU SIROP DE LĂMÂIE 135
59. CHEESECAKE CU LAVANDĂ ȘI AFINE FĂRĂ COACERE 138
60. AFINE, LAVANDĂ, MERIȘOR CROCANT 141
61. GRANITA DE LAVANDĂ 143
62. TRUFE GANACHE DE LAVANDĂ 145
63. ÎNGHEȚATĂ BOTANICĂ DE LAVANDĂ 148
64. PLĂCINTĂ CU LEVĂNȚICĂ 151
65. PLĂCINTE DE MÂNĂ CU LAVANDĂ ȘI AFINE 153
66. PIERSICI POȘATE CU LAVANDĂ 155

CONDIMENTE 157

67. GLAZURĂ DE LAVANDĂ 158
68. MUȘTAR CU MIERE DE LAVANDĂ 160
69. ULEI DE MĂSLINE INFUZAT CU LAVANDĂ 162
70. ZAHĂR DE LAVANDĂ 164
71. DULCEATA DE LAVANDA DE CAPSUNI 166
72. MARINADA DE LAVANDĂ 168
73. SARAMURĂ DE LAVANDĂ PENTRU PĂSĂRI DE CURTE 170
74. MARMELADĂ DE LAVANDĂ DE PORTOCALE SANGUINE 172
75. ULEI DE LAVANDĂ DE CASĂ 174
76. GLAZURĂ CU CREMĂ DE UNT, LAVANDĂ, VANILIE 176
77. MIERE DE LAVANDĂ WASABI 178

- 78. Lavandă, vanilie, marmeladă de lămâie Meyer 180
- 79. Marmeladă de lămâie și lavandă 182

BĂUTURI **184**
- 80. Rom, Ube și Lavanda Lassi 185
- 81. Apă infuzată cu lavandă de afine 187
- 82. Apă de castraveți și lavandă 189
- 83. Apa de grepfrut-lavandă 191
- 84. Portocală și lavandă 193
- 85. Chefir dulce cu lapte de lavandă 195
- 86. Afine Lămâie Lavandă chefir 197
- 87. Ceai cu lapte de lavandă 199
- 88. Vin de trandafir și lavandă 201
- 89. Ceai de mentă și lavandă 203
- 90. Ceai cu gheață de afine și lavandă 205
- 91. Ceai cu gheață de mandarine și lavandă 207
- 92. Ceai de lavandă și semințe de fenicul 209
- 93. Lichior de lavandă- rozmarin 211
- 94. Latte cu vanilie, Earl Grey și lavandă 213
- 95. Cafea cu miere de lavandă 216
- 96. Picătură de lămâie de lavandă 218
- 97. Digestiv cu miere de lavandă 220
- 98. Lichior de lavandă 222
- 99. Cappuccino cu lavandă 224
- 100. Lavanda Proffee 226

CONCLUZIE **228**

INTRODUCERE

Bine ați venit la „COMPANIONUL ESENTIAL DE LAVANDA 2024", ghidul dumneavoastră pentru a descoperi frumusețea și versatilitatea lavandei prin intermediul a 100 de rețete încântătoare. Acest însoțitor este o sărbătoare a lumii parfumate și încântătoare a lavandei, invitându-vă să explorați utilizările sale culinare, beneficiile aromoterapiei și bucuria pe care o aduce unei game largi de delicii. Alăturați-vă nouă într-o călătorie care trece dincolo de câmpurile de lavandă și cufundați-vă în arta de a crea delicii cu infuzie de lavandă.

Imaginați-vă un cadru plin de aroma liniștitoare a lavandei, de frumusețea delicată a tratărilor cu infuzie de lavandă și de calmul care vine odată cu încorporarea acestei plante versatile în viața de zi cu zi. „COMPANIONUL ESENTIAL DE LAVANDA 2024" nu este doar o colecție de rețete; este o explorare a utilizărilor lavandei în bucătărie, relaxare și îngrijire de sine. Indiferent dacă sunteți un pasionat de lavandă sau nou în lumea acestei plante aromatice, aceste rețete sunt create pentru a vă inspira să savurați frumusețea și versatilitatea lavandei.

De la deserturi cu infuzie de lavandă până la amestecuri liniștitoare de aromoterapie și delicii culinare, fiecare rețetă este o celebrare a aromelor delicate, proprietăților calmante și a atracției vizuale pe care levănțica le aduce creațiilor tale. Indiferent dacă coaceți prăjituri cu levănțică, creați pliculețe cu levănțică sau experimentați mâncăruri savuroase cu infuzie de lavandă, acest însoțitor este resursa dvs. ideală pentru a experimenta întregul spectru de delicii cu lavandă.

Alăturați-vă nouă în timp ce ne adâncim în lumea parfumată a lavandei, unde fiecare creație este o dovadă a frumuseții și versatilității acestei plante iubite. Așadar, adună-ți florile de lavandă, îmbrățișează atmosfera liniștitoare și haideți să pornim într-o călătorie încântătoare prin „COMPANIONUL ESENTIAL DE LAVANDA 2024".

MIC DEJUN ȘI BRUNCH

1.Croissant cu miere de lavandă

INGREDIENTE:
- Aluat de bază pentru croissant
- ¼ cană miere
- 1 lingura de lavanda culinara uscata
- 1 ou batut cu 1 lingura de apa

INSTRUCȚIUNI:
a) Întindeți aluatul pentru croissant într-un dreptunghi mare.
b) Tăiați aluatul în triunghiuri.
c) Într-un castron mic, amestecați mierea și levănțica.
d) Întindeți un strat subțire de miere de lavandă pe jumătatea inferioară a fiecărui croissant.
e) Înlocuiți jumătatea superioară a croissantului și apăsați ușor.
f) Așezați cornurile pe o tavă de copt tapetată, ungeți cu spălat de ou și lăsați să crească timp de 1 oră.
g) Preîncălziți cuptorul la 400°F (200°C) și coaceți cornurile timp de 20-25 de minute până când se rumenesc.

2.Ciocolata calda cu lavanda

INGREDIENTE:
- 2 căni de lapte (lactate sau lapte alternativ)
- 2 linguri pudra de cacao
- 2 linguri de zahar (ajustati dupa gust)
- 1 lingurita de flori uscate de lavanda
- ½ linguriță extract de vanilie
- Frisca si petale de lavanda pentru decor

INSTRUCȚIUNI:
a) Într-o cratiță, încălziți laptele la foc mediu până când este fierbinte, dar nu dă în clocot.
b) Într-un castron mic, amestecați pudra de cacao și zahărul.
c) Adăugați florile uscate de lavandă în laptele fierbinte și lăsați-l la infuzat timp de 5 minute. Scoateți florile de lavandă.
d) Se amestecă treptat amestecul de cacao în laptele fierbinte până se omogenizează bine și se omogenizează.
e) Se amestecă extractul de vanilie.
f) Continuați să încălziți ciocolata caldă infuzată cu lavandă, amestecând ocazional, până când ajunge la temperatura dorită.
g) Se toarnă în căni, se adaugă frișcă și se ornează cu petale de lavandă. Serviți și bucurați-vă!

3.Cafea cu gheață lavandă Dalgona

INGREDIENTE:
- 2 linguri cafea instant
- 2 linguri de zahar granulat
- 2 linguri apa fierbinte
- 1 cana lapte (orice tip)
- ½ linguriță muguri culinari de lavandă
- 1 lingurita sirop sau extract de lavanda
- Cuburi de gheata

INSTRUCȚIUNI:
a) Într-un castron, combinați cafeaua instant, zahărul granulat și apa fierbinte.
b) Folosind un mixer electric sau un tel, bateți amestecul la viteză mare până devine gros și spumos. Acest lucru durează de obicei aproximativ 2-3 minute.
c) Într-o cratiță mică, încălziți laptele la foc mic până se încălzește. Adăugați mugurii culinari de lavandă în lapte și lăsați-l la infuzat aproximativ 5 minute.
d) Strecurați laptele pentru a îndepărta mugurii de lavandă și întoarceți laptele infuzat în cratiță.
e) Adăugați siropul sau extractul de lavandă în laptele infuzat și amestecați bine pentru a se combina.
f) Umpleți un pahar cu cuburi de gheață.
g) Turnați laptele infuzat cu lavandă peste cuburile de gheață, umplând paharul în aproximativ trei sferturi.
h) Peste lapte se pune cafeaua bătută, creând un efect stratificat.
i) Amestecați ușor straturile înainte de a le savura.
j) Optional, puteti garnisi cu un strop de muguri culinari de lavanda sau zahar de lavanda deasupra.
k) Serviți cafeaua cu gheață Dalgona Lavender rece și bucurați-vă!

4.Crêpe de caise-lavandă s

INGREDIENTE:
- 1½ lingură Unt
- ½ cană de lapte
- 1½ lingură ulei de arahide
- 6½ linguri făină universală
- 1 lingura de zahar, generos
- 1 ou
- ⅓ linguriță de flori proaspete de lavandă
- 14 Caise uscate, turcesti
- 1 cană de vin Riesling
- 1 cană de apă
- 1½ lingurita coaja de portocala, rasa
- 3 linguri Miere
- ½ cană de vin Riesling
- ½ cană apă
- 1 cană de zahăr
- 1 lingura coaja de portocala
- ½ lingură coajă de lămâie
- 1 linguriță flori proaspete de lavandă
- 1 praf crema de tartru
- Frisca aromata, optional
- Crengute de lavanda, pentru ornat

INSTRUCȚIUNI:
Crêpe BATTER
a) Topiți untul la foc moderat.
b) Continuați să încălziți până când untul capătă o culoare maro deschis.
c) Se adauga laptele si se incalzeste putin.
d) Transferați amestecul într-un bol. Bateți ingredientele rămase până la omogenizare.
e) Dați la frigider pentru o oră sau mai mult.
f) Gătiți crêpe, stivuindu-le cu folie de plastic sau pergament între ele pentru a preveni lipirea.
g) Se da la frigider pana este gata de utilizare.
Umplutura de caise

h) Combinați toate ingredientele într-o cratiță.
i) Se fierbe aproximativ o jumătate de oră, sau până când caisele sunt moi.
j) Pasează amestecul într-un robot de bucătărie până când este aproape omogen. Misto.

SOS RIESLING
k) Combinați toate ingredientele într-o cratiță.
l) Se aduce la fierbere, amestecând până se dizolvă zahărul.
m) Ungeți părțile laterale ale cratiței cu o perie înmuiată în apă rece pentru a preveni cristalizarea.
n) Gatiti, periand ocazional, la 240 de grade F. pe un termometru pentru bomboane.
o) Scoateți de pe foc și scufundați fundul oalei în apă cu gheață pentru a opri gătitul.
p) Chill.

A SERVI
q) Rulați 3 linguri de umplutură în fiecare crêpe, permițând două crêpe pe porție.
r) Aliniați crêpele într-un vas de copt uns cu unt.
s) Acoperiți cu folie unsă cu unt pe interior. Se încălzește într-un cuptor la 350 de grade F.
t) Transferați Crêpes pe farfurii de servire. Puneți sosul peste și în jurul Crêpesului.
u) Ornați cu frișcă, dacă doriți, și crenguțe de lavandă.

5.Lapte de lavandă

INGREDIENTE:
- 1 cană lapte vegetal
- ½ linguriță de lavandă culinară uscată
- ½ linguriță de mușețel uscat
- ¼ de linguriță pudră de rădăcină de ashwagandha
- ¼ de linguriță extract pur de vanilie
- 1 lingură îndulcitor
- ½ linguriță colorant alimentar natural

INSTRUCȚIUNI:

a) Adaugă laptele, lavanda, mușețelul, pudra de ashwagandha, vanilia și colorantul alimentar într-o cratiță mică. Se amestecă împreună.

b) Se încălzește la foc mediu pe aragaz. Amestecând din când în când, încălziți timp de 5 minute, astfel încât ingredientele să aibă timp să se infuzeze în lapte. Cel mai bine este o fierbere ușoară cu puțin abur. Reduceți căldura dacă laptele de lavandă începe să fiarbă.

c) Luați laptele de lavandă de pe foc și strecurați printr-o sită de ceai cu plasă fină într-o ceașcă sau o cană.

d) Se amestecă mierea sau siropul de arțar. Am folosit 1 lingură, dar nu ezitați să folosesc mai mult sau mai puțin după gustul dvs. sau deloc.

6.Ovăz peste noapte cu cireșe lavandă

INGREDIENTE:
- 1 cană caju
- 2 ½ căni de apă
- ½ linguriță de lavandă culinară uscată
- 1 lingura zahar
- 1 lingurita suc proaspat de lamaie
- 1 lingurita extract pur de vanilie
- 1 cană de ovăz rulat
- 1 cană cireșe proaspete, fără sâmburi și tăiate la jumătate
- 2 linguri migdale feliate

INSTRUCȚIUNI:
a) Puneți caju și apă într-un blender de mare putere și faceți piure până când sunt foarte cremoase și netede. În funcție de puterea blenderului, acest lucru poate dura până la 5 minute.
b) Adăugați lavandă, zahăr, sucul de lămâie, extract de vanilie și un praf mic de sare. Pulsați pentru a combina, apoi strecurați folosind o strecurătoare cu plasă sau o pungă cu lapte de nuci.
c) Puneți laptele de caju-lavandă într-un castron și amestecați ovăzul. Se acoperă și se pune la frigider și se lasă la macerat 4-6 ore sau peste noapte.
d) Pentru a servi, puneți ovăz în două boluri și adăugați cireșe și migdale. Bucurați-vă!

7.Gogoși cu miere de lavandă

INGREDIENTE:
- 1 ½ cană de făină universală
- ½ cană zahăr granulat
- 2 lingurite praf de copt
- ¼ lingurita sare
- ¼ cană ulei vegetal
- ½ cană lapte
- 2 ouă mari
- 1 lingurita de flori uscate de lavanda
- 2 linguri miere

INSTRUCȚIUNI

a) Preîncălziți cuptorul la 350°F (180°C) și ungeți o tavă pentru gogoși cu spray de gătit.

b) Într-un castron mare, amestecați făina, zahărul, praful de copt și sarea.

c) Într-un alt castron, amestecați uleiul, laptele, ouăle, lavanda și mierea.

d) Turnați ingredientele umede în ingredientele uscate și amestecați până se omogenizează.

e) Turnați aluatul în tava pentru gogoși pregătită, umplând fiecare formă la aproximativ ¾ din volum.

f) Coaceți 12-15 minute sau până când o scobitoare introdusă în centrul unei gogoși iese curată.

g) Lasă gogoșile să se răcească în tavă câteva minute înainte de a le transfera pe un grătar pentru a se răci complet.

8. Clatite cu lavanda

INGREDIENTE:
- 1 cană făină universală
- 1 lingura zahar
- 1 lingurita praf de copt
- ½ lingurita de bicarbonat de sodiu
- ¼ lingurita sare
- 1 cană de zară
- 1 ou mare
- 2 linguri de unt topit
- 1 lingură muguri de lavandă culinari uscați

INSTRUCȚIUNI:
a) Într-un castron, amestecați făina, zahărul, praful de copt, bicarbonatul de sodiu și sarea.
b) Într-un castron separat, amestecați zara, oul și untul topit.
c) Turnați ingredientele umede în ingredientele uscate și amestecați până se omogenizează.
d) Încorporați mugurii de lavandă uscați.
e) Încingeți o tigaie antiaderentă sau grătar la foc mediu și ungeți-o ușor.
f) Turnați ¼ de cană de aluat în tigaie pentru fiecare clătită. Gatiti pana se formeaza bule la suprafata, apoi intoarceti si gatiti inca 1-2 minute.
g) Repetați cu aluatul rămas. Servește clătitele cu o stropire de muguri de lavandă uscați suplimentari deasupra.

9. Biscotti cu lavandă și fistic

INGREDIENTE:
- ½ cană de fistic decojite
- 8 linguri (1 baton) unt nesarat, la temperatura camerei
- ¾ cani de zahar
- 1 lingură muguri de flori de lavandă uscate
- 1 lingurita extract de vanilie
- 2 oua
- 2 căni de făină nealbită, plus încă pentru frământare
- 1½ linguriță de praf de copt
- ½ lingurita sare

INSTRUCȚIUNI:
a) Preîncălziți cuptorul la 325°F.
b) Prăjiți fisticul într-o tigaie la foc mediu, agitând constant până se rumenește ușor, aproximativ 5 minute. Când se răcește, se toacă grosier și se lasă deoparte.
c) Într-un castron, cremă untul și zahărul cu un mixer de mână până se omogenizează bine.
d) Adăugați mugurii de lavandă, vanilia și ouăle și bateți până devine spumos.
e) Într-un castron mare, combinați făina, praful de copt și sarea. Se amestecă pentru a se combina bine.
f) Adăugați ingredientele uscate în amestecul de smântână și continuați să bateți până se omogenizează bine. Îndoiți nucile.
g) Cu mainile infainate, scoatem aluatul de biscuiti din bol. Va fi destul de umed și lipicios.
h) Presărați puțină făină pe blat și frământați-o în aluat de biscuiți până când este ușor de gestionat. Nu suprasolicitați aluatul.
i) Formați un buștean lung de prăjituri de 3 inchi lățime și 12 până la 14 inci lungime. Neteziți orice fisuri sau găuri. Așezați pe o foaie de copt.
j) Coaceți jurnalul de biscuiți timp de 25 până la 30 de minute. Ar trebui să arate în continuare o indentație cu degetul atunci când este apăsat.
k) Se lasa sa se raceasca 30 de minute. Folosind un cuțit zimțat, tăiați biscotti-urile în felii groase de 1 inch.
l) Întindeți biscotti pe aceeași foaie de copt și coaceți încă 15 până la 20 de minute. Se lasa sa se raceasca complet.
m) Biscottii ar trebui să fie foarte crocanți. Depozitați într-un recipient etanș.

10.Pâine cu plante de lavandă

INGREDIENTE:
- 1 pachet Drojdie uscată activă
- ¼ cană ; Apa calda
- 1 cană Brânză de vaci cu conținut scăzut de grăsimi
- ¼ cană Miere
- 2 linguri Unt
- 1 linguriță Muguri de lavandă uscați
- 1 lingura Cimbru proaspăt de lămâie
- ½ lingură Busuioc proaspăt; tocat mărunt
- ¼ lingurita Bicarbonat de sodiu
- 2 ouă
- 2½ cană Făină nealbită
- Unt

INSTRUCȚIUNI:
a) Într-un castron mic, dizolvați drojdia în apă.
b) Într-un castron mai mare, amestecați brânza de vaci, mierea, untul, ierburile, bicarbonatul de sodiu și ouăle. Se amestecă amestecul de drojdie. Adăugați treptat făina pentru a forma un aluat tare, bătând bine după fiecare adăugare.
c) Acoperiți și lăsați să crească aproximativ 1 oră, sau până când se dublează în volum.
d) Amestecați aluatul cu o lingură. Se pune intr-o caserola bine unsa
e) Coaceți la 350 F. timp de o oră pentru o pâine mare, 20 până la 30 de minute pentru pâini mici

11.Brioșe cu lavandă și afine

INGREDIENTE:
- 2 căni de făină universală
- 1/2 cană zahăr
- 1 lingură flori de lavandă uscate (de calitate alimentară)
- 1 lingura praf de copt
- 1/2 lingurita sare
- 1 cană lapte
- 1/2 cana unt nesarat, topit
- 1 ou mare
- 1 lingurita extract de vanilie
- 1 cană de afine proaspete

INSTRUCȚIUNI:
a) Preîncălziți cuptorul la 375°F (190°C) și tapetați o tavă de brioșe cu folii de hârtie.
b) Într-un castron mare, amestecați făina, zahărul, lavanda uscată, praful de copt și sarea.
c) Într-un alt castron, amestecați laptele, untul topit, oul și extractul de vanilie.
d) Adăugați ingredientele umede la ingredientele uscate și amestecați până când se combină.
e) Încorporați ușor afinele.
f) Împărțiți aluatul printre cupe de brioșe și coaceți timp de 18-20 de minute sau până când o scobitoare introdusă în centru iese curată.

12.Clatite cu afine cu lavanda

INGREDIENTE:
- 1 cană făină universală
- 1 lingura zahar
- 1 lingurita praf de copt
- 1/2 lingurita de bicarbonat de sodiu
- 1/4 lingurita sare
- 1 cană de zară
- 1 ou mare
- 2 linguri de unt topit
- 1 lingură muguri de lavandă uscați
- 1 cană de afine proaspete

INSTRUCȚIUNI:
a) Într-un castron, amestecați făina, zahărul, praful de copt, bicarbonatul de sodiu și sarea.
b) Într-un castron separat, amestecați zara, oul, untul topit și mugurii de lavandă uscați.
c) Turnați ingredientele umede în ingredientele uscate și amestecați până se omogenizează.
d) Încorporați ușor afine proaspete.
e) Gătiți clătitele pe o tigaie sau o tigaie la foc mediu până se rumenesc pe ambele părți.

13.Parfait de iaurt cu lavandă

INGREDIENTE:
- 1 cană iaurt grecesc
- 2 linguri miere
- 1 lingurita de flori uscate de lavanda
- 1/2 cană granola
- Fructe de pădure proaspete (de exemplu, căpșuni, afine)

INSTRUCȚIUNI:
a) Într-un castron, amestecați iaurtul grecesc, mierea și florile uscate de lavandă.
b) În pahare sau boluri de servire, stratificați iaurtul de lavandă cu granola și fructe de pădure proaspete.
c) Repetați straturile până ajungeți sus.
d) Decorați cu levănțică suplimentară și un strop de miere.

14.Toast franțuzesc cu infuzie de lavandă

INGREDIENTE:
- 4 felii de pâine
- 2 ouă mari
- 1/2 cană lapte
- 1 lingurita extract de vanilie
- 1 lingură muguri de lavandă uscați
- Unt pentru gătit
- Sirop de arțar pentru servire

INSTRUCȚIUNI:
a) Într-un vas puțin adânc, amestecați ouăle, laptele, extractul de vanilie și mugurii de lavandă deshidratați.
b) Înmuiați fiecare felie de pâine în amestecul de ouă, asigurându-vă că este acoperită pe ambele părți.
c) Se încălzește untul într-o tigaie la foc mediu și se gătește pâinea înmuiată până se rumenește pe ambele părți.
d) Se serveste cu un strop de sirop de artar.

15. Scones cu lavandă și lămâie

INGREDIENTE:
- 2 căni de făină universală
- 1/3 cană zahăr
- 1 lingura praf de copt
- 1/2 lingurita sare
- 1 lingură flori de lavandă uscate
- Zest de 1 lămâie
- 1/2 cana unt nesarat, rece si taiat cubulete
- 2/3 cană lapte
- 1 lingurita extract de vanilie

INSTRUCȚIUNI:
a) Preîncălziți cuptorul la 425 ° F (220 ° C) și tapetați o tavă de copt cu hârtie de copt.
b) Într-un castron mare, amestecați făina, zahărul, praful de copt, sarea, lavanda uscată și coaja de lămâie.
c) Adaugă untul rece, tăiat cubulețe și folosește-ți degetele pentru a-l freca cu ingredientele uscate până când amestecul seamănă cu firimituri grosiere.
d) Se amestecă laptele și extractul de vanilie până când se combină.
e) Întoarceți aluatul pe o suprafață tapetă cu făină, faceți un cerc și tăiați felii.
f) Așezați feliile pe foaia de copt pregătită și coaceți timp de 12-15 minute sau până se rumenesc.

16.Budincă de chia, vanilie, lavandă

INGREDIENTE:
- 1/4 cană semințe de chia
- 1 cană lapte de migdale (sau orice lapte la alegere)
- 1 lingură flori de lavandă uscate
- 1 lingurita extract de vanilie
- Fructe proaspete pentru topping

INSTRUCȚIUNI:
a) Într-un castron, amestecați semințele de chia, laptele de migdale, florile uscate de lavandă și extractul de vanilie.
b) Acoperiți și lăsați la frigider peste noapte sau pentru cel puțin 4 ore până când semințele de chia absorb lichidul.
c) Amestecați bine înainte de servire și acoperiți cu fructe proaspete.

17.Pâine cu banane cu lavandă

INGREDIENTE:
- 2 banane coapte, piure
- 1/3 cană unt topit
- 1 lingurita muguri de lavanda uscati
- 1 lingurita extract de vanilie
- 1 ou, batut
- 1 lingurita bicarbonat de sodiu
- Vârf de cuțit de sare
- 1 1/2 cani de faina universala

INSTRUCȚIUNI:
a) Preîncălziți cuptorul la 350°F (175°C) și ungeți o tavă de pâine.
b) Într-un castron mare, amestecați bananele piure, untul topit, mugurii de lavandă uscați, extractul de vanilie și oul bătut.
c) Adăugați bicarbonat de sodiu, sare și făină la amestecul de banane, amestecând până când se combină.
d) Turnați aluatul în tava de pâine pregătită și coaceți timp de 60-65 de minute sau până când o scobitoare introdusă în centru iese curată.

18.Briose cu ceai Earl Grey de lavandă

INGREDIENTE:
- 2 căni de făină universală
- 1/2 cană zahăr
- 2 lingurite praf de copt
- 1/2 lingurita de bicarbonat de sodiu
- 1/4 lingurita sare
- 1 lingură flori de lavandă uscate
- 1 cană de ceai Earl Grey, preparat și răcit
- 1/3 cană ulei vegetal
- 1 ou
- 1 lingurita extract de vanilie

INSTRUCȚIUNI:
a) Preîncălziți cuptorul la 375°F (190°C) și tapetați o tavă de brioșe cu folii de hârtie.
b) Într-un castron, amestecați făina, zahărul, praful de copt, bicarbonatul de sodiu, sarea și florile uscate de lavandă.
c) Într-un alt castron, amestecați ceaiul Earl Grey preparat, uleiul vegetal, ou și extractul de vanilie.
d) Turnați ingredientele umede în ingredientele uscate, amestecând până se combină.
e) Împărțiți aluatul uniform între cupele pentru brioșe și coaceți timp de 18-20 de minute sau până când o scobitoare introdusă în centru iese curată.

Gustări și aperitive

19.Patratele Limoncello cu Lavanda

INGREDIENTE:
PENTRU CRASTĂ:
- 1 ½ cană de firimituri de biscuiți Graham
- ¼ cană zahăr granulat
- ½ cană unt nesărat, topit

PENTRU Umplutura:
- 2 cani de lapte condensat indulcit
- ½ cană suc proaspăt de lămâie
- ¼ cană lichior Limoncello
- 2 lingurițe de flori uscate de lavandă

INSTRUCȚIUNI:

a) Preîncălziți cuptorul la 350°F (175°C). Ungeți o tavă de copt de 9 x 9 inci.

b) Într-un castron, combinați firimiturile de biscuit Graham, zahărul granulat și untul topit. Se amestecă până când firimiturile sunt acoperite uniform.

c) Apăsați amestecul de pesmet în fundul tavii pregătite pentru a forma crusta.

d) Coaceți crusta în cuptorul preîncălzit timp de 10 minute. Scoatem din cuptor si lasam sa se raceasca.

e) Într-un castron separat, amestecați laptele condensat îndulcit, sucul de lămâie, lichiorul Limoncello și florile uscate de lavandă până se combină bine.

f) Se toarnă amestecul de umplutură peste crusta răcită și se întinde uniform.

g) Puneți tava la cuptor și coaceți încă 15 minute.

h) Scoatem din cuptor si lasam sa se raceasca la temperatura camerei.

i) Dați tava la frigider pentru cel puțin 2 ore, sau până când umplutura este fixată.

j) Tăiați în pătrate și serviți delicioasele pătrate Limoncello cu lavandă.

20. Madeleine cu miere de lavandă

INGREDIENTE:
- 1 lingurita de unt topit pentru tava cu madeleine
- 2 ouă mari
- 3 uncii (80 g) zahăr tos
- 3½ uncii (100 g) unt, topit și răcit ușor
- 2 linguri (30 g) miere
- ½ lămâie, doar coaja
- 1 lingurita suc proaspat de lamaie
- 3½ uncii (100 g) făină universală
- ¾ lingurita de praf de copt
- 2 lingurițe de flori uscate de lavandă
- 3 lingurițe extract de lavandă

INSTRUCȚIUNI:

a) Preîncălziți cuptorul la 400°F (200°C). Ungeți tava de madeleine cu unt topit sau folosiți spray de gătit, apoi pudrați cu făină pentru a acoperi formele, îndepărtând excesul de făină.

b) Într-un castron, amestecați ouăle și zahărul tos până devine spumos. Adăugați untul topit, mierea, sucul de lămâie și coaja, extractul de lavandă și cerneți făina cu praful de copt. Se amestecă bine pentru a se combina.

c) Încorporați florile uscate de lavandă în aluat și amestecați bine. Lăsați aluatul să stea timp de 20 de minute să se odihnească.

d) Turnați cu grijă aluatul în tava de madeleine pregătită, umplând fiecare formă aproximativ ¾.

e) Coaceți madeleinele timp de 8-10 minute sau până când amestecul a crescut puțin la mijloc și este complet fiert. Madeleinele trebuie să fie ușor aurii.

f) Scoateți madeleinele din cuptor și transferați-le pe un grătar. Lăsați-le să se răcească puțin înainte de servire.

g) Aceste minunate Madeleine cu miere de lavandă sunt un răsfăț încântător cu o aromă subtilă de lavandă, lămâie și miere. Sunt un cadou comestibil perfect pentru cei dragi, mai ales atunci când sunt ambalate într-o pungă mică de plastic. Bucurați-vă de aroma și aroma lor delicată cu o ceașcă de ceai sau cafea!

21.Brownies infuzat cu ceai Earl Grey de lavandă

INGREDIENTE:
- 2 plicuri de ceai Earl Grey
- 1 lingură muguri de lavandă uscați
- 1 cana unt nesarat
- 2 căni de zahăr granulat
- 4 ouă mari
- 1 lingurita extract de vanilie
- 1 cană făină universală
- ½ cană pudră de cacao
- ¼ lingurita sare
- ½ cană chipsuri de ciocolată albă

INSTRUCȚIUNI:
a) Preîncălziți cuptorul la 350 ° F și ungeți o tavă de copt de 9 x 13 inci.
b) Deschideți pliculețele de ceai Earl Grey și combinați frunzele de ceai liber cu mugurii de lavandă uscați într-un castron mic.
c) Topiți untul într-o cratiță la foc mic. Adăugați amestecul de ceai și lavandă și lăsați-l la infuzat câteva minute. Strecurați ceaiul și levănțica și lăsați untul să se răcească puțin.
d) Într-un castron, combinați untul topit, zahărul, ouăle și extractul de vanilie. Amesteca bine.
e) Într-un castron separat, amestecați făina, pudra de cacao și sarea. Adăugați treptat ingredientele uscate la ingredientele umede și amestecați până se omogenizează.
f) Încorporați fulgii de ciocolată albă.
g) Turnați aluatul în tava de copt pregătită și întindeți-l uniform.
h) Coaceți aproximativ 25-30 de minute, sau până când o scobitoare introdusă în centru iese cu câteva firimituri umede.
i) Lăsați brownies-urile să se răcească înainte de a le tăia în pătrate.

22.Fursecuri cu lavanda

INGREDIENTE:
- ½ cana de unt nesarat, la temperatura camerei
- ½ cană zahăr de cofetă, necernut
- 2 lingurițe de flori de lavandă uscate
- 1 linguriță de frunze de mentă uscate zdrobite
- ⅛ linguriță de scorțișoară
- 1 cană făină necernută

INSTRUCȚIUNI:
a) Preîncălziți cuptorul la 325°F (163°C). Pregătiți o tavă pătrată de copt de 8 inchi, căptușindu-o cu folie de aluminiu și acoperind ușor folia cu un spray de ulei vegetal.
b) Într-un castron, cremă untul la temperatura camerei până devine ușor și pufos.
c) Se amestecă zahărul de cofetarie, florile uscate de lavandă, frunzele uscate zdrobite de mentă și scorțișoara. Se amestecă până când toate ingredientele sunt bine combinate.
d) Lucrați treptat făina necernută, continuând să amestecați până când amestecul devine sfărâmicios.
e) Răzuiți amestecul de pâine scurtă în tava pregătită și întindeți-l până la nivel, apăsând ușor pentru a-l compacta uniform.
f) Coaceți painea scurtă în cuptorul preîncălzit timp de 25 până la 30 de minute sau până când devine ușor aurie pe margini.
g) Ridicați ușor atât folia, cât și painea scurtă coaptă din tavă și pe o suprafață de tăiere.
h) Folosiți un cuțit zimțat pentru a tăia felii de paine scurte coapte în batoane sau pătrate.
i) Transferați fursecurile tăiate pe un grătar pentru a le lăsa să se răcească complet.
j) Păstrați prăjiturile de casă cu levănțică într-o tavă bine închisă pentru a le păstra proaspete.
k) Bucurați-vă de prăjiturile încântătoare cu levănțică ca un răsfăț dulce, cu o notă de lavandă aromată și mentă!

23.Mini plăcinte cu căpșuni cu cremă de lavandă

INGREDIENTE:
PENTRU CREMA DE LAMAIE-LAVANDA:
- 16 uncii iaurt simplu fără grăsimi
- 3 până la 4 linguri de zahăr (ajustați după gust)
- 2 lingurite coaja de lamaie
- Câteva picături de extract de portocale sau apă de flori
- 1 lingurita de lavanda uscata

PENTRU PLACINTELE DE CAPSUNI:
- 16 ambalaje wonton (3 inci fiecare)
- Spray de gătit cu aromă de unt
- 16 căpșuni mari coapte (aproximativ 2 căni)
- 2 linguri jeleu de coacaze rosii, topite cu 1 lingura de apa
- 2 linguri fistic tocate

INSTRUCȚIUNI:
PENTRU CREMA DE LAMAIE-LAVANDA:
a) Scurgeți iaurtul timp de 6 ore pentru a crea „brânză" de iaurt. Transferați brânza cu iaurt într-un bol mare de amestecare.
b) Se amestecă zahărul (începeți cu 3 linguri și ajustați după gust), coaja de lămâie, extractul de portocale sau apa de flori și lavandă uscată. Se amestecă până se combină bine. Pus deoparte.

PENTRU PLACINTELE DE CAPSUNI:
c) Preîncălziți cuptorul la 400 de grade F (200 ° C).
d) Pulverizați forme mici (2 inchi) canelate cu spray de gătit. Tapetați formele cu învelișuri wonton, asigurându-vă că acoperă formele complet.
e) Pulverizați interiorul cojilor de patiserie cu spray de gătit și coaceți-le în cuptorul preîncălzit până devin crocante și aurii, aproximativ 6 până la 8 minute. Scoateți din forme și răciți pe un grătar.
f) Pregătiți căpșunile tăind mai multe felii paralele (între o distanță de aproximativ ⅛ inch) în fiecare boabă, începând de la capătul ascuțit și feliând la jumătatea fructelor de pădure. Întindeți ușor fiecare căpșună cu degetele. Puteți face acest pas în avans.
g) Pentru a servi, puneți 2 linguri de cremă de lămâie și lavandă în fiecare coajă de tartă.

h) Acoperiți fiecare tartă cu o căpșună în evantai și ungeți căpșunile cu jeleul de coacăze roșii topit.
i) Presărați fistic tocate deasupra fiecărei tarte.
j) Serviți imediat plăcintele de căpșuni cu cremă de lămâie și lavandă și bucurați-vă!
k) Aceste mini-plăcinte încântătoare sunt un deliciu dulce și acidulat, cu o notă de lavandă florală și lămâie citrice.

24.Bufături cu orez Krispy cu lavandă

INGREDIENTE:
- 6 căni de cereale Rice Krispy
- Pungă de 16 uncii sau 9 căni de mini marshmallows
- 4 linguri de unt
- ½ linguriță extract de vanilie
- ¼ linguriță extract de lavandă
- 9 uncii de ciocolată violet topită
- Stropi
- Lavandă proaspătă (opțional)

INSTRUCȚIUNI:
a) Într-o oală mare, topește untul și 7 căni de mini bezele la foc mediu. Se amestecă la fiecare 15-30 de secunde până când untul și marshmallows sunt complet combinate.
b) Amestecați extractul de vanilie și lavandă în amestecul de marshmallow topit.
c) Adăugați cerealele Rice Krispy și amestecați până când totul este bine acoperit cu amestecul de marshmallow.
d) Lăsați amestecul să stea timp de 1 minut pentru a se răci ușor.
e) Amestecați mini-bezelele rămase până când sunt distribuite uniform.
f) Pulverizați o tigaie de 9 x 13 inchi cu spray de gătit antiaderent și apoi transferați amestecul Rice Krispy în tigaie.
g) Pulverizați-vă mâinile cu spray de gătit antiaderent și apăsați amestecul în tigaie pentru a crea un strat uniform.
h) Puneți tava la frigider pentru cel puțin 30 de minute pentru a lăsa dulceața să se întărească.
i) În timp ce dulceața se răcește, topește ciocolata violetă care se topește într-un castron sigur pentru cuptorul cu microunde, la intervale de 30 de secunde, până se topește complet.
j) Odată ce dulceața cu Rice Krispy s-a răcit și s-a întărit, tăiați-le în porții individuale și așezați-le pe o tavă de copt tapetată cu hârtie de copt.
k) Înmuiați ⅓ de jos din fiecare gust Rice Krispy în ciocolata topită. Loviți orice exces de ciocolată pe marginea vasului și apoi răzuiți fundul.

l) Așezați dulceața înmuiată înapoi pe hârtie de pergament pentru a lăsa ciocolata să se usuce. Repetați acest proces cu celelalte delicii.
m) După ce ați terminat de scufundat, puneți restul de ciocolată topită într-o pungă.
n) Stropiți cu ciocolată deasupra gustărilor Rice Krispy.
o) Adăugați stropi și levănțică proaspătă pentru decor.

25. Făină de ovăz cu lavandă, bile energetice fără coacere

INGREDIENTE:
- 1½ cani de fulgi de ovaz uscat
- 1 cană de unt de arahide neted sau orice unt de nuci la alegere
- ¼ cană miere
- ½ linguriță extract de lavandă
- ¼ cană de afine uscate
- 2 linguri de nucă de cocos măruntită neîndulcit
- ¼ cană făină de migdale
- 2 linguri de seminte de in sau de floarea soarelui
- 1 linguriță de sare de mare de lavandă

INSTRUCȚIUNI:
a) Tapetați o tavă de copt de dimensiune medie cu hârtie de copt și lăsați-o deoparte.
b) Într-un castron mic pentru cuptorul cu microunde, combinați untul de arahide și mierea. Puneți la microunde timp de 30 de secunde sau până când amestecul devine moale. Adăugați extractul de lavandă și amestecați bine.
c) Într-un castron mare, adăugați ingredientele uscate rămase, inclusiv fulgi de ovăz uscat, merișoare uscate, nucă de cocos măruntită, făină de migdale, semințe de in sau semințe de floarea soarelui și sare de mare Lavender Fields Forever.
d) Amestecați amestecul de unt de arahide, miere și lavandă în bol cu ingredientele uscate. Se amestecă până când totul este bine combinat. Dacă amestecul este încă puțin lipicios, puneți vasul în congelator timp de 10 minute înainte de a trece la pasul următor.
e) Folosind o lingură, scoateți porțiuni din amestec, de aproximativ 1 până la 1½ porții. Folosind palma, rulați fiecare porție într-o minge mică și puneți-o pe foaia de copt pregătită. Repetați acest proces pentru amestecul rămas.
f) Dă la frigider tava cu bile energetice timp de 30 de minute pentru a le ajuta să se întărească.
g) După refrigerare, păstrați bilele energetice fără coacere cu fulgi de ovăz lavandă într-un recipient mare ermetic.

26. Profiterole de miere de lavandă

INGREDIENTE:
- 1 cană apă
- 1/2 cană unt nesărat
- 1 cană făină universală
- 4 ouă mari
- 1 cana frisca
- 2 linguri miere de lavandă
- Lavandă proaspătă pentru garnitură

INSTRUCȚIUNI:
a) Preîncălziți cuptorul la 400 ° F (200 ° C) și tapetați o tavă de copt cu hârtie de copt.
b) Într-o cratiță, aduceți apa și untul la fiert. Adaugam faina si amestecam pana se formeaza un aluat omogen.
c) Se ia de pe foc si se lasa sa se raceasca cateva minute. Se adauga ouale pe rand, batand bine dupa fiecare adaugare.
d) Transferați aluatul într-o pungă și puneți mici movile pe tava de copt. Coaceți 20-25 de minute sau până când se rumenesc.
e) Într-un castron, bate frișca până se formează vârfuri tari. Încorporați ușor miere de lavandă.
f) Tăiați profiterolele în jumătate, umpleți-le cu cremă de miere de lavandă și decorați cu levănțică proaspătă.

27. Churros cu zahăr de lavandă

INGREDIENTE:
- 1 cană de ceai Earl Grey tare
- 2 căni de făină fără gluten
- ¼ cană zahăr de lavandă
- 1 lingura de unt
- 3 oua
- Ulei pentru prăjire adâncă
- Zahăr de lavandă pentru pudrat

INSTRUCȚIUNI:
ZAHAR DE LAVANDA:
a) Combinați zahărul și câteva linguri de muguri culinari de lavandă într-un robot de bucătărie.
b) Pulsați zahărul în robotul de bucătărie până când levănțica este tocată fin și dispersată uniform în zahăr.
CHURROS:
c) Puneți făina fără gluten, zahărul de lavandă și untul într-un castron.
d) Turnați o ceașcă de ceai Earl Grey puternic și amestecați bine. Căldura de la ceai va topi untul.
e) Adăugați ouăle și continuați să amestecați până obțineți un aluat omogen și elastic.
f) Transferați o porțiune din aluat într-o pungă prevăzută cu o duză canelată.
g) Introduceți cu grijă aluatul direct în uleiul fierbinte. Ținerea pungii aproape de ulei va preveni stropirea. Aluatul este suficient de gros pentru a curăța încet, fără exces de umiditate.
h) Prăjiți churros până devin frumos auriu. Va trebui să le răsturnați la jumătate folosind un clește pentru a vă asigura că ambele părți sunt perfect gătite. Se vor umfla și vor deveni plăcut plinuțe, așa că evitați supraaglomerarea cratiței pentru a preveni lipirea lor.
i) Aruncați imediat churros fierbinți în mai mult zahăr de lavandă, asigurându-vă că sunt acoperiți cu generozitate de sus în jos.
j) Serviți imediat deliciile calde și crocante.

28.Hummus de lavandă cu chipsuri pita

INGREDIENTE:
- 1 conserve (15 uncii) de năut, scurs și clătit
- 3 linguri tahini
- 2 linguri ulei de masline
- 1 lingura suc de lamaie
- 1 catel de usturoi, tocat
- 1 lingurita muguri de lavanda uscati
- Sare si piper dupa gust
- Pâine pita, tăiată în triunghiuri și coaptă pentru chipsuri

INSTRUCȚIUNI:
a) Într-un robot de bucătărie, combinați năut, tahini, ulei de măsline, sucul de lămâie, usturoi, muguri de lavandă deshidratați, sare și piper.
b) Se amestecă până când este omogen și cremos.
c) Serviți humusul de lavandă cu chipsuri pita coapte.

29.Popcorn cu infuzie de lavandă

INGREDIENTE:
- 1/2 cană boabe de floricele de porumb
- 3 linguri de unt nesarat, topit
- 1 lingură flori de lavandă uscate
- Sarat la gust

INSTRUCȚIUNI:
a) Peste boabele de floricele de porumb folosind metoda preferată.
b) Într-o cratiță mică, se topește untul și se adaugă flori de lavandă uscate. Lăsați-l la infuzat câteva minute.
c) Strecurați untul infuzat cu lavandă și stropiți-l peste floricelele de porumb.
d) Aruncă floricelele de porumb pentru a se acoperi uniform și stropește cu sare după gust.

30.Crostini cu brânză de capră lavandă

INGREDIENTE:
- 1/2 cană miere
- Un praf de lavanda, proaspata sau uscata
- 2 piersici
- 1/2 baghetă, tăiată în felii de 1 inch, prăjită
- 6-8 uncii brânză de capră (orice fel - tânără, îmbătrânită, acoperită cu cenușă)
- Frunze de mentă proaspătă, chiffonada

INSTRUCȚIUNI:
a) Într-o tigaie mică, încălziți mierea și levănțica la foc mic timp de aproximativ 4 minute. Luați de pe foc și lăsați mierea să se răcească până la temperatura camerei.
b) Tăiați piersicile în felii, de aproximativ 1/4 inch grosime.
c) Ungeți rondelele prăjite cu brânză de capră. Acoperiți cu felii de piersică. Adăugați câteva felii de mentă, apoi stropiți ușor cu amestecul de lavandă-miere.

31.Nuci prăjite cu lavandă și rozmarin

INGREDIENTE:
- 2 cani de nuci amestecate (migdale, nuci pecan, caju)
- 2 linguri de unt topit
- 1 lingură muguri de lavandă uscați
- 1 lingura rozmarin proaspat tocat
- 1 lingura zahar brun
- 1/2 lingurita sare de mare

INSTRUCȚIUNI:
a) Preîncălziți cuptorul la 350 ° F (175 ° C) și tapetați o tavă de copt cu hârtie de copt.
b) Într-un castron, combinați untul topit, mugurii de lavandă uscați, rozmarinul tocat, zahărul brun și sarea de mare.
c) Adăugați nucile amestecate în bol și amestecați până când sunt bine acoperite.
d) Întindeți amestecul de nuci pe foaia de copt pregătită și prăjiți timp de 15-20 de minute, amestecând la jumătate.
e) Lasati nucile sa se raceasca inainte de a le servi.

32.Ouă de lavandă și lămâie

INGREDIENTE:
- 6 oua fierte tari, curatate de coaja si taiate in jumatate
- 3 linguri maioneza
- 1 lingurita mustar de Dijon
- Zest de 1 lămâie
- 1/2 linguriță muguri de lavandă uscați
- Sare si piper dupa gust
- Arpagic proaspăt pentru ornat

INSTRUCȚIUNI:
a) Scoateți gălbenușurile din jumătățile de ou și puneți-le într-un castron.
b) Se zdrobesc gălbenușurile și se adaugă maioneză, muștar de Dijon, coaja de lămâie, muguri de lavandă deshidratați, sare și piper. Se amestecă până la omogenizare.
c) Turnați amestecul de gălbenușuri înapoi în albușuri.
d) Se ornează cu arpagic proaspăt înainte de servire.

33.Brie la cuptor cu lavandă și miere

INGREDIENTE:
- 1 roată de brânză Brie
- 2 linguri miere
- 1 lingurita muguri de lavanda uscati
- Baghetă feliată sau biscuiți pentru servire

INSTRUCȚIUNI:
a) Preîncălziți cuptorul la 350°F (175°C).
b) Puneți roata Brie pe o tavă de copt.
c) Stropiți cu miere peste Brie și presărați deasupra muguri de lavandă uscați.
d) Coaceți timp de 10-12 minute sau până când Brie-ul devine lipicios și moale.
e) Serviți cu baghetă feliată sau biscuiți.

34. Guacamole cu lavandă și lămâie

INGREDIENTE:
- 3 avocado coapte, piure
- 1 lingura suc proaspat de lamaie
- Zest de 1 lămâie
- 1 lingurita de flori uscate de lavanda
- 1/4 cana ceapa rosie, tocata marunt
- 2 linguri coriandru proaspăt, tocat
- Sare si piper dupa gust
- Chipsuri de tortilla pentru servire

INSTRUCȚIUNI:
a) Într-un castron, combinați piure de avocado, sucul de lămâie, coaja de lămâie, florile uscate de lavandă, ceapa roșie tocată și coriandru.
b) Se amestecă bine și se condimentează cu sare și piper după gust.
c) Serviți guacamole de lavandă și lămâie cu chipsuri de tortilla.

35.Roșii umplute cu brânză și lavandă

INGREDIENTE:
- roșii cherry
- 8 uncii cremă de brânză, înmuiată
- 1 lingurita muguri de lavanda uscati
- 1 lingură arpagic proaspăt, tocat
- Sare si piper dupa gust

INSTRUCȚIUNI:
a) Tăiați vârful roșiilor cherry și scoateți semințele.
b) Într-un castron, amestecați cremă de brânză moale, muguri de lavandă uscați, arpagic tocat, sare și piper.
c) Umpleți fiecare roșie cherry cu amestecul de brânză cremă de lavandă și ierburi.
d) Răciți la frigider înainte de servire.

FORM PRINCIPAL

36. Mușchiu de porc glazurat cu miere de lavandă

INGREDIENTE:
- 2 muschii de porc
- 2 linguri de flori uscate de lavandă
- 1/4 cană miere
- 3 linguri muștar de Dijon
- 2 catei de usturoi, tocati
- Sare si piper dupa gust

INSTRUCȚIUNI:
a) Preîncălziți cuptorul la 375 ° F (190 ° C).
b) Într-o cratiță mică, încălziți mierea, muștarul de Dijon, usturoiul tocat, lavanda uscată, sare și piper la foc mediu până se combină bine.
c) Puneți muschii de porc într-o tavă de copt și ungeți peste ele glazura de miere de lavandă.
d) Coaceți timp de 25-30 de minute sau până când temperatura internă atinge 145°F (63°C).
e) Lăsați carnea de porc să se odihnească câteva minute înainte de a o feli.

37. Pui glazurat cu miere de lavandă

INGREDIENTE:
- 4 piept de pui dezosați și fără piele
- 2 linguri muguri de lavandă uscați
- 1/4 cană miere
- 2 linguri ulei de masline
- Sare si piper dupa gust

INSTRUCȚIUNI:
a) Preîncălziți cuptorul la 375 ° F (190 ° C).
b) Într-un castron mic, amestecați muguri de lavandă uscați, miere, ulei de măsline, sare și piper pentru a crea o glazură.
c) Puneți pieptul de pui într-o tavă de copt și ungeți peste ele glazura de miere de lavandă.
d) Coaceți timp de 25-30 de minute sau până când puiul este gătit.
e) Se ornează cu crenguțe proaspete de lavandă înainte de servire.

38.Lavandă Lămâie Somon la grătar

INGREDIENTE:
- 4 fileuri de somon
- 1 lingură flori de lavandă uscate
- Coaja și zeama de la 1 lămâie
- 2 linguri ulei de masline
- Sare si piper dupa gust

INSTRUCȚIUNI:
a) Preîncălziți grătarul la foc mediu-mare.
b) Într-un castron, combinați florile de lavandă uscate, coaja de lămâie, sucul de lămâie, uleiul de măsline, sare și piper.
c) Ungeți amestecul de lavandă peste fileurile de somon.
d) Somonul la gratar timp de 4-5 minute pe fiecare parte sau pana se fulge usor cu o furculita.
e) Serviți cu o felie de lămâie și un strop de lavandă proaspătă.

39.Risotto cu ciuperci cu infuzie de lavandă

INGREDIENTE:
- 1 cană de orez Arborio
- 1/2 cană vin alb sec
- 4 cesti supa de legume sau pui, tinuta la cald
- 1 lingură muguri de lavandă uscați
- 1 cană ciuperci asortate, feliate
- 1/2 cană parmezan ras
- 2 linguri de unt
- Sare si piper dupa gust

INSTRUCȚIUNI:
a) Într-o tigaie mare, căliți ciupercile până se înmoaie. Pus deoparte.
b) În aceeași tigaie, adăugați orezul Arborio și gătiți până se prăjește ușor.
c) Se toarnă vinul alb și se fierbe până se evaporă.
d) Adăugați treptat bulionul cald, câte un polonic, amestecând constant până se absoarbe.
e) Amestecați muguri de lavandă uscați și continuați să gătiți până când orezul devine cremos și fraged.
f) Încorporați ciuperci sotate, parmezan, unt, sare și piper.

40. Cotlete de miel cu crustă de lavandă și ierburi

INGREDIENTE:
- 8 cotlete de miel
- 2 linguri de flori uscate de lavandă
- 1 lingura rozmarin proaspat, tocat
- 1 lingura de cimbru proaspat, tocat
- 3 catei de usturoi, tocati
- 2 linguri ulei de masline
- Sare si piper dupa gust

INSTRUCȚIUNI:
a) Preîncălziți cuptorul la 400°F (200°C).
b) Într-un castron, combinați florile de lavandă uscate, rozmarinul tocat, cimbru, usturoiul tocat, uleiul de măsline, sare și piper.
c) Frecați amestecul de ierburi de lavandă peste cotletele de miel.
d) Încingeți o tigaie la foc mediu-înalt și prăjiți cotletele de miel pe fiecare parte.
e) Transferați cotletele într-o tavă de copt și coaceți-le la cuptor timp de 15-20 de minute sau până când se dorește.
f) Lăsați cotletele de miel să se odihnească câteva minute înainte de a le servi.

41.Frigarui de pui la gratar cu lavanda si lamaie

INGREDIENTE:
- 2 kg pulpe de pui dezosate, fără piele, tăiate cubulețe
- 2 linguri muguri de lavandă uscați
- Coaja și zeama a 2 lămâi
- 3 linguri ulei de masline
- 2 catei de usturoi, tocati
- Sare si piper dupa gust
- Frigarui de lemn, inmuiate in apa

INSTRUCȚIUNI:
a) Într-un castron, amestecați muguri de lavandă uscați, coaja de lămâie, sucul de lămâie, uleiul de măsline, usturoiul tocat, sare și piper.
b) Așezați cuburi de pui pe frigăruile înmuiate.
c) Ungeți marinada de lavandă-lămâie peste pui.
d) Frigaruile la gratar timp de 8-10 minute, intoarcendu-le din cand in cand, pana cand sunt complet fierte.

42. Cod la cuptor cu crustă de lavandă și ierburi

INGREDIENTE:
- 4 file de cod
- 1 lingură flori de lavandă uscate
- 2 linguri patrunjel proaspat, tocat
- 1 lingură mărar proaspăt, tocat
- 3 linguri pesmet
- 2 linguri ulei de masline
- Sare si piper dupa gust
- Roți de lămâie pentru servire

INSTRUCȚIUNI:
a) Preîncălziți cuptorul la 375 ° F (190 ° C).
b) Într-un castron, combinați florile de lavandă uscate, pătrunjelul tocat, mărarul tocat, pesmetul, uleiul de măsline, sare și piper.
c) Puneți fileuri de cod pe o foaie de copt și apăsați amestecul de lavandă-ierburi pe partea de sus a fiecărui file.
d) Coaceți 15-20 de minute sau până când peștele este opac și se fulge ușor.
e) Serviți cu felii de lămâie.

43. Cotlete de porc la grătar cu lavandă și rozmarin

INGREDIENTE:
- 4 cotlete de porc cu os
- 1 lingură muguri de lavandă uscați
- 2 linguri rozmarin proaspăt, tocat
- 3 linguri de otet balsamic
- 2 linguri ulei de masline
- Sare si piper dupa gust

INSTRUCȚIUNI:
a) Preîncălziți grătarul la foc mediu-mare.
b) Într-un castron, amestecați muguri de lavandă uscați, rozmarin tocat, oțet balsamic, ulei de măsline, sare și piper.
c) Frecați amestecul de lavandă-rozmarin peste fiecare cotlet de porc.
d) Cotletele de porc la grătar timp de 5-7 minute pe fiecare parte sau până când sunt complet fierte.

44.Salata de quinoa cu lavanda cu legume

INGREDIENTE:
- 1 cană quinoa, fiartă
- 1 lingură flori de lavandă uscate
- 1 dovlecel, feliat
- 1 ardei gras rosu, feliat
- 1 ardei gras galben, feliat
- 1/4 cană brânză feta, mărunțită
- 3 linguri ulei de masline
- Suc de 1 lămâie
- Sare si piper dupa gust

INSTRUCȚIUNI:
a) Prăjiți dovleceii și ardeiul gras până se înmoaie.
b) Într-un castron mare, combinați quinoa fiartă, florile de lavandă uscate, legumele la grătar și brânza feta mărunțită.
c) Într-un castron separat, amestecați uleiul de măsline, sucul de lămâie, sarea și piperul.
d) Stropiți dressingul peste salata de quinoa și amestecați ușor pentru a se combina.

DESERT

45.Bavarois de lavandă

INGREDIENTE:
- 500 ml smântână groasă
- 3 linguri de flori uscate de lavandă
- 4 gălbenușuri de ou
- 100 de grame de zahăr granulat
- 3 foi de gelatina
- Flori de lavandă pentru decor

INSTRUCȚIUNI:

a) Infuzați crema groasă cu flori uscate de lavandă. Încinge smântâna într-o cratiță până este fierbinte, dar nu dă în clocot. Luați de pe foc, adăugați levănțica uscată, acoperiți și lăsați-o la infuzat timp de 30 de minute.

b) Strecurați crema infuzată cu lavandă pentru a îndepărta florile.

c) Într-un castron separat, bateți gălbenușurile și zahărul până când sunt palide și cremoase.

d) Înmuiați foile de gelatină în apă rece până se înmoaie, apoi stoarceți excesul de apă și dizolvați-le într-o cantitate mică de apă fierbinte.

e) Adăugați gelatina dizolvată în amestecul de gălbenușuri de ou, amestecând bine.

f) Îndoiți ușor crema infuzată cu lavandă în amestecul de ouă.

g) Se toarnă amestecul în pahare sau forme de servire și se dă la frigider până se fixează.

h) Se ornează cu flori de lavandă înainte de servire.

46. Ciocolata Lavanda Dacquoise

INGREDIENTE:
PENTRU STRATURI DE DACQUOISE:
- 4 albusuri mari
- 1 cană zahăr granulat
- 1 cană migdale măcinate
- 2 linguri pudra de cacao neindulcita
- 1 lingurita de flori uscate de lavanda

PENTRU Umplutura cu GANACHE DE CIOCOLATA:
- 6 uncii (170 g) ciocolată semidulce, tocată mărunt
- ½ cană smântână groasă
- 1 lingurita de flori uscate de lavanda

INSTRUCȚIUNI:
PENTRU STRATURI DE DACQUOISE:
a) Preîncălziți cuptorul la 300 ° F (150 ° C) și tapetați două foi de copt cu hârtie de copt.
b) Într-un castron, bate albușurile spumă până se formează vârfuri tari. Adăugați treptat zahărul granulat și continuați să bateți până când bezeaua devine lucioasă.
c) Încorporați ușor migdalele măcinate, pudra de cacao neîndulcită și florile uscate de lavandă până se combină bine.
d) Țevi sau întinde amestecul de bezea pe foile de copt pregătite pentru a crea patru cercuri de dimensiuni egale.
e) Coaceți aproximativ 30 de minute sau până când straturile de dacquoise sunt crocante și se întăresc. Ele pot avea un mic trosnet deasupra. Lăsați-le să se răcească complet.

PENTRU Umplutura cu GANACHE DE CIOCOLATA:
f) Într-un castron potrivit pentru cuptorul cu microunde, încălziți smântâna grea până când este fierbinte, dar nu fierbe, sau încălziți-o pe plită într-o cratiță.
g) Puneți ciocolata tocată mărunt într-un castron separat rezistent la căldură.
h) Se toarnă smântâna fierbinte peste ciocolată și se lasă un minut să se topească ciocolata.

i) Amestecați amestecul până devine neted și lucios. Dacă este necesar, îl puteți pune la microunde în rafale scurte sau îl puteți pune peste un boiler pentru a vă asigura că ciocolata este complet topită.

j) Se amestecă florile uscate de lavandă și se lasă ganache-ul să se răcească puțin.

ASSAMBLAȚI DACCOISE DE CIOOLATA LAVANDA:

k) Puneți un strat de dacquoise pe un platou de servire sau pe un suport de prăjitură.

l) Întindeți o cantitate generoasă de ganache de ciocolată infuzat cu lavandă peste primul strat.

m) Așezați cu grijă al doilea strat de dacquoise deasupra și repetați procesul până când toate straturile sunt stivuite, terminând cu un ganache deasupra.

n) Puteți orna blatul cu flori de lavandă uscate suplimentare sau cu o stropire de pudră de cacao, dacă doriți.

o) Răciți dacquoise asamblat la frigider pentru cel puțin o oră pentru a permite aromelor să se topească și ganache-ului să se stabilească.

p) Tăiați și serviți-vă Dacquoise cu ciocolată și lavandă ca desert delicios și elegant.

47.Macarons cu lavandă și mure

INGREDIENTE:
DULCE DE LAVANDA DE MURE:
- 454 de grame de mure, proaspete sau congelate
- 133 de grame de zahăr granulat
- 2 lingurite suc de lamaie
- ½ linguriță de flori uscate de lavandă sau ¼ de linguriță de extract de lavandă

MACARONURI:
- 100 grame albusuri, temperatura camerei
- 60 de grame de zahăr granulat
- ¼ lingurita crema de tartru
- 110 grame făină de migdale, cernută
- 200 grame zahar pudra, cernut
- ¼ linguriță pastă de extract de lavandă (opțional)

Umplutură cu cremă de unt:
- 113 grame unt nesarat, temperatura camerei
- 180 de grame de zahăr pudră
- 2 lingurițe gem de mure
- ¼ linguriță sare kosher

INSTRUCȚIUNI:
DULCE DE LAVANDA DE MURE:
a) Într-o cratiță mare, la foc mediu-mic, combinați murele, zahărul granulat, sucul de lămâie și florile uscate de lavandă (sau extractul de lavandă).
b) Lăsați dulceața să fiarbă aproximativ 20 de minute, amestecând des până se îngroașă.
c) Transferați dulceața într-un borcan de sticlă și lăsați-o să se răcească la temperatura camerei. Păstrați la frigider până la două săptămâni.
d) Macarons:
e) Cerneți împreună făina de migdale și zahărul pudră într-un castron mare și lăsați deoparte.
f) Într-un mixer cu suport prevăzut cu accesoriul pentru tel, bate albușurile spumă la viteză medie până devin spumoase. Se adauga crema de tartru.
g) Adăugați treptat zahărul granulat în timp ce continuați să bateți la foc mediu-mare până se formează vârfuri moi.
h) Adăugați 2-3 picături de pastă de extract de lavandă (dacă este folosită) și amestecați până când se formează vârfuri tari.
i) Pliați ușor jumătate din amestecul de ingrediente uscate până când se combină complet, apoi adăugați ingredientele uscate rămase. Se amestecă până când aluatul ajunge la o consistență de „lavă curgătoare".
j) Tapetați o tavă mare de copt cu un covor de silicon sau hârtie de copt. Transferați aluatul într-o pungă mare, prevăzută cu un vârf rotund. Puneți rondele de 1 inch pe foaia de copt pregătită.
k) Atingeți foaia de copt pe blat de câteva ori pentru a aduce bule de aer la suprafață și folosiți o scobitoare pentru a trage orice bule vizibile pentru o suprafață netedă.
l) Lăsați macarons-urile să stea la temperatura camerei timp de 30-40 de minute până se formează o coajă la suprafață.
m) Preîncălziți cuptorul la 300°F (150°C). Coaceți macarons-urile pe grătarul central timp de 13-15 minute sau până când nu se mișcă în „picioare" când sunt atinse.

n) Lăsați macarons-urile să se răcească complet pe tava de copt înainte de a le îndepărta.

Umplutură cu cremă de unt de mure:

o) Într-un castron mare, folosind un mixer portabil sau cu suport, prevăzut cu un accesoriu de tel, cremă untul și zahărul pudră împreună până la omogenizare.

p) Adăugați aproximativ 2 lingurițe de dulceață de mure răcită și bateți la viteză mare timp de 3-4 minute până când crema de unt devine ușoară și pufoasă.

ASAMBLARE:

q) Odată ce macarons-urile s-au răcit complet și dulceața de mure este răcită, împerecheați cojile înainte de a le umple.

r) Puneți crema de unt pe marginea unei coji de macaron și adăugați o linguriță mică de dulceață de mure în centru (aproximativ ½ linguriță).

s) Acoperiți cu cealaltă coajă de macaron pentru a crea un sandviș.

t) Puneți macarons-urile asamblate într-un recipient ermetic și lăsați-le să se maturizeze la frigider timp de 12-24 de ore.

u) Păstrați macarons-urile la frigider până la 5 zile, dar pentru cel mai bun gust și textura, lăsați-le să ajungă la temperatura camerei aproximativ o oră înainte de a le mânca.

48.Oală de cremă cu lavandă

INGREDIENTE:
- 1 cană smântână groasă
- ½ cană lapte integral
- ¼ cană muguri de lavandă culinari uscați
- 4 gălbenușuri mari
- ¼ cană zahăr granulat
- 1 lingurita extract de vanilie
- Crengute proaspete de lavanda pentru garnitura (optional)

INSTRUCȚIUNI:
a) Într-o cratiță, încălziți smântâna groasă, laptele integral și mugurii de lavandă uscați la foc mediu până când începe să fiarbă. Se ia de pe foc, se acopera si se lasa la infuzat aproximativ 20 de minute.
b) Într-un castron separat, amestecați gălbenușurile și zahărul până se omogenizează bine.
c) Strecurați amestecul de smântână infuzat cu lavandă printr-o sită cu ochiuri fine într-o cratiță curată pentru a îndepărta mugurii de lavandă.
d) Reîncălziți amestecul de smântână până când este fierbinte, dar nu fierbe.
e) Turnați încet amestecul de smântână fierbinte în amestecul de gălbenușuri de ou în timp ce amestecați constant.
f) Se amestecă extractul de vanilie.
g) Împărțiți amestecul în patru rame sau borcane mici.
h) Coaceți într-o baie de apă la 325°F (160°C) timp de aproximativ 30-35 de minute sau până când marginile sunt așezate, dar centrul este ușor agitat.
i) Scoateți-le din cuptor, lăsați-le să se răcească la temperatura camerei și apoi lăsați-le la frigider pentru cel puțin 2 ore înainte de servire.
j) Ornați cu crengute proaspete de lavandă înainte de servire, dacă doriți.

49.Crema Brulée de Lavanda

INGREDIENTE:
- 1 cană smântână groasă
- 1 cană lapte integral
- 4 gălbenușuri de ou
- ½ cană zahăr granulat
- 2 linguri de lavandă culinară uscată
- Zahăr granulat, pentru caramelizare

INSTRUCȚIUNI:
a) Preîncălziți cuptorul la 325°F (160°C).
b) Într-o cratiță, încălziți smântâna, laptele și levănțica uscată la foc mediu până când începe să fiarbă. Se ia de pe foc si se lasa lavanda sa se infuzeze aproximativ 10 minute.
c) Strecurați amestecul de smântână printr-o sită cu ochiuri fine pentru a îndepărta levănțica.
d) Într-un castron separat, amestecați gălbenușurile și zahărul până se omogenizează bine.
e) Turnați încet amestecul de smântână infuzat cu lavandă în amestecul de gălbenușuri de ou, amestecând continuu.
f) Împărțiți amestecul între ramekins sau vase de cuptor.
g) Puneți ramekins într-o tavă de copt și umpleți vasul cu apă fierbinte până ajunge la jumătatea părților laterale ale ramekins.
h) Coaceți aproximativ 35-40 de minute, sau până când crema este întărită, dar încă ușor zgâlțâită în centru.
i) Scoateți ramekinele din baia de apă și lăsați-le să se răcească la temperatura camerei. Apoi dați la frigider pentru cel puțin 2 ore sau peste noapte.
j) Chiar înainte de servire, presărați un strat subțire de zahăr granulat deasupra fiecărei creme. Folosește o torță de bucătărie pentru a carameliza zahărul până formează o crustă crocantă.
k) Lăsați zahărul să se întărească câteva minute, apoi serviți și savurați.

50.Înghețată Earl Grey cu lavandă

INGREDIENTE:
- 2 căni de smântână groasă
- 3 pliculete de ceai Earl Grey
- 1 lingurita muguri de lavanda uscati
- Cutie de 14 uncii de lapte condensat îndulcit
- 4 lingurite de lichior
- 1 lingurita extract de vanilie
- ½ lingurita sare
- Colorant alimentar violet

INSTRUCȚIUNI:

a) Într-o cratiță mică, aduceți smântâna groasă și ceaiul Earl Grey până la foc mic. Luați-l de pe foc și lăsați Earl Grey să se infuzeze în crema groasă până ajunge la temperatura camerei. Răciți la frigider pentru cel puțin câteva ore, de preferință peste noapte.

b) Vârtej de lavandă opțional: Împărțiți smântâna grea Earl Grey caldă în două recipiente separate. Adăugați 1 linguriță de muguri de lavandă uscați și unul dintre pliculețele de ceai Earl Grey într-unul și 2 pliculețe de ceai Earl Grey în celălalt. Răciți peste noapte.

c) Odată rece, scoateți pliculețele de ceai Earl Grey și bateți smântâna groasă cu celelalte ingrediente până la vârfuri tari, aproximativ 4 minute.

d) Vârtej de lavandă opțional: Scoateți pliculețele de ceai din înghețata Earl Grey și adăugați jumătate din laptele condensat îndulcit, 2 lingurițe de lichior, extract de vanilie și ¼ de linguriță de sare. Bateți până la vârfuri tari. În înghețata de lavandă, adăugați restul ingredientelor pe lângă colorantul alimentar violet. Bateți până la vârfuri tari.

e) Adăugați înghețata într-o tavă de tort sau într-o tavă de pâine. Acoperiți strâns cu folie de plastic și congelați până se solidifică, cel puțin 6 ore.

f) Vârtej de lavandă opțional: atunci când adăugați înghețată în tigaie, faceți acest lucru în cuburi aleatorii de fiecare culoare și apoi învârtiți-o cu grijă cu o lingură. Am făcut 3 straturi de linguri, învârtind fiecare strat. Acoperiți strâns cu folie de plastic și congelați până se solidifică, cel puțin 6 ore.

51.Mousse de ciocolată albă cu lavandă

INGREDIENTE:
- 8 uncii de ciocolată albă, tocată
- 1 cană smântână groasă
- 2 lingurite de lavanda culinara uscata
- 3 galbenusuri de ou
- 2 linguri de zahar granulat
- ½ linguriță extract de vanilie
- Colorant alimentar violet (opțional)
- Crengute proaspete de lavanda pentru garnitura (optional)

INSTRUCȚIUNI:

a) Într-un castron termorezistent, topește ciocolata albă peste o oală cu apă clocotită, amestecând până se omogenizează. Se ia de pe foc si se lasa sa se raceasca putin.

b) Într-o cratiță mică, încălziți smântâna groasă și levănțica uscată la foc mediu până când începe să fiarbă. Se ia de pe foc si se lasa 15 minute la infuzat.

c) Strecurați crema infuzată cu levănțică printr-o sită cu plasă fină într-un castron curat, apăsând levănțica pentru a extrage aroma.

d) Într-un castron separat, amestecați gălbenușurile, zahărul și extractul de vanilie până se omogenizează bine.

e) Bateți treptat crema caldă infuzată cu lavandă în amestecul de gălbenușuri de ou.

f) Se toarnă amestecul înapoi în cratiță și se fierbe la foc mic, amestecând continuu, până se îngroașă și îmbracă dosul lingurii. Nu-l lăsa să fiarbă.

g) Se ia de pe foc si se amesteca ciocolata alba topita pana se omogenizeaza. Adăugați câteva picături de colorant alimentar violet, dacă doriți, pentru o culoare de lavandă mai vibrantă.

h) Lăsați amestecul să se răcească la temperatura camerei.

i) Într-un castron separat, bate smântâna groasă până se formează vârfuri moi.

j) Îndoiți ușor frișca în amestecul de lavandă răcit până se combină bine.

k) Se toarnă mousse-ul în pahare sau boluri de servire și se dă la frigider pentru cel puțin 2 ore sau până când se fixează.

l) Înainte de servire, se ornează cu crenguțe proaspete de lavandă, dacă se dorește.

52.Fistic Lavandă Semifreddo

INGREDIENTE:
- 1 cană fistic decojit
- ½ cană zahăr granulat
- 1 lingura de lavanda culinara uscata
- 2 căni de smântână groasă
- 1 lingurita extract de vanilie
- 4 gălbenușuri mari
- ¼ cană miere
- Vârf de cuțit de sare

INSTRUCȚIUNI:

a) Puneți fisticul, zahărul granulat și levănțica uscată într-un robot de bucătărie. Pulsați până când fisticul este măcinat fin.

b) Într-o cratiță, încălziți smântâna groasă la foc mediu până începe să fiarbă. Se ia de pe foc și se amestecă amestecul de fistic măcinat. Se lasă la infuzat aproximativ 30 de minute.

c) După înmuiere, strecoară amestecul printr-o sită cu ochiuri fine, apăsând solidele pentru a extrage cât mai multă aromă. Aruncați substanțele solide și lăsați crema strecurată deoparte.

d) Într-un castron mare, amestecați gălbenușurile de ou, mierea și sarea până se omogenizează bine.

e) Turnați treptat amestecul de smântână strecurat în amestecul de gălbenușuri de ou, amestecând continuu.

f) Transferați amestecul înapoi în cratiță și gătiți la foc mic, amestecând constant, până se îngroașă și îmbracă dosul lingurii. Acest lucru va dura aproximativ 5-7 minute. Nu-l lăsa să fiarbă.

g) Scoateți cratita de pe foc și lăsați amestecul să se răcească complet.

h) După ce s-a răcit, se adaugă extractul de vanilie.

i) Turnați amestecul de semifreddo într-o tavă de pâine sau într-un recipient la alegere. Se netezește partea de sus cu o spatulă.

j) Acoperiți tigaia sau recipientul cu folie de plastic, asigurându-vă că atinge suprafața semifreddo pentru a preveni formarea cristalelor de gheață. Pune-l la congelator pentru cel puțin 6 ore sau peste noapte până se întărește.

k) Când este gata de servire, scoateți semifreddo din congelator și lăsați-l să stea câteva minute la temperatura camerei pentru a se înmoaie ușor. Tăiați-o în porții și serviți.

l) Bucurați-vă de combinația încântătoare de arome de Fistic și Lavandă în Semifreddo!

53.Sandvișuri cu înghețată cu lavandă Earl Grey

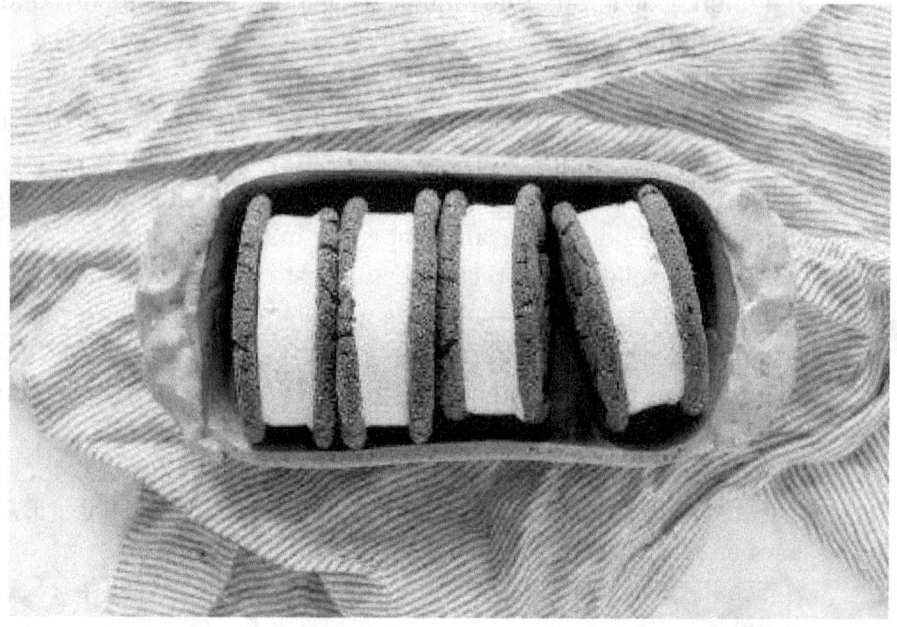

INGREDIENTE:
- 1 ½ cană de făină universală
- ½ lingurita de bicarbonat de sodiu
- ¼ lingurita sare
- ½ cană unt nesărat, înmuiat
- ½ cană zahăr granulat
- ½ cană zahăr brun la pachet
- 1 ou mare
- 1 lingurita extract de vanilie
- 2 linguri frunze de ceai Earl Grey
- 1 lingură flori de lavandă uscate
- 1 litru de înghețată Earl Grey sau de vanilie

INSTRUCȚIUNI:
a) Preîncălziți cuptorul la 375 ° F (190 ° C) și tapetați o tavă de copt cu hârtie de copt.
b) Într-un castron, amestecați făina, bicarbonatul de sodiu și sarea.
c) Într-un castron separat, cremă împreună untul înmuiat, zahărul granulat și zahărul brun până devine ușor și pufos. Adăugați oul și extractul de vanilie și amestecați până se omogenizează bine.
d) Măcinați frunzele de ceai Earl Grey și florile uscate de lavandă într-o pulbere fină folosind o râșniță de condimente sau un mojar și un pistil. Adăugați ceaiul și pudra de lavandă în amestecul de unt și amestecați până se distribuie uniform.
e) Adăugați treptat ingredientele uscate în amestecul de unt și amestecați până se omogenizează.
f) Puneți linguri rotunjite de aluat pe foaia de copt pregătită, distanțându-le la aproximativ 2 inci. Aplatizați ușor fiecare bilă de aluat cu palma mâinii.
g) Coaceți 10-12 minute sau până când marginile sunt aurii. Lăsați fursecurile să se răcească complet.
h) Luați o linguriță de înghețată Earl Grey sau de vanilie și puneți-o în sandwich între două prăjituri.
i) Pune sandvișurile cu înghețată la congelator timp de cel puțin 1 oră pentru a se întări înainte de servire.

54.Sorbet de lavandă

INGREDIENTE:
- 2 căni de apă
- 1 cană zahăr
- 2 linguri de flori uscate de lavandă
- 1 lingura suc de lamaie

INSTRUCȚIUNI

a) Într-o cratiță, combinați apa și zahărul. Se încălzește la foc mediu până când zahărul se dizolvă complet.

b) Luați de pe foc și adăugați florile uscate de lavandă. Se lasă la infuzat 10-15 minute.

c) Strecurați amestecul pentru a îndepărta florile de lavandă.

d) Se amestecă sucul de lămâie.

e) Turnați amestecul într-un aparat de înghețată și amestecați conform instrucțiunilor producătorului.

f) Odată amestecat, transferați sorbetul într-un recipient cu capac și congelați-l câteva ore pentru a se întări.

g) Servește sorbetul de lavandă în boluri sau pahare răcite pentru un desert parfumat și liniștitor.

55.Gelat cu miere de lavandă Affogato

INGREDIENTE:
GELATO DE MIERE DE LAVANDA:
- 2 cani de lapte integral
- 1 cană smântână groasă
- ½ cană miere
- 2 linguri de flori uscate de lavandă
- 5 gălbenușuri de ou
- ¼ lingurita sare

AFFOGATO
- 1 lingură de gelato cu miere de lavandă
- 1 shot (aproximativ 1-2 uncii) de espresso proaspăt preparat
- Opțional: crenguțe proaspete de lavandă pentru decor

INSTRUCȚIUNI
GELATO DE MIERE DE LAVANDA:
a) Într-o cratiță, combinați laptele, smântâna, mierea și florile uscate de lavandă. Puneti cratita la foc mediu si incalziti amestecul pana cand incepe sa se abureasca, amestecand din cand in cand. Nu-l lăsa să fiarbă.

b) Odată ce s-a aburit, scoateți cratița de pe foc și lăsați lavanda să se infuzeze în amestec timp de aproximativ 20 de minute.

c) Într-un castron separat, amestecați gălbenușurile de ou și sarea până se omogenizează bine.

d) Turnați încet amestecul de lapte infuzat cu lavandă în gălbenușurile de ou, amestecând constant pentru a tempera ouăle.

e) Turnați amestecul înapoi în cratiță și gătiți la foc mediu, amestecând continuu, până se îngroașă și îmbracă dosul lingurii. Acest lucru ar trebui să dureze aproximativ 5-7 minute.

f) Scoateți cratița de pe foc și strecurați amestecul printr-o sită cu ochiuri fine pentru a îndepărta florile de lavandă și orice bucăți de ou fierte. Aruncați solidele.

g) Lăsați amestecul să se răcească la temperatura camerei, apoi acoperiți și dați la frigider pentru cel puțin 4 ore sau peste noapte pentru a se răci și a dezvolta aromele.

h) Odată răcit, turnați amestecul într-un aparat de înghețată și amestecați conform instrucțiunilor producătorului până când gelato-ul ajunge la o consistență moale.

i) Transferați gelato-ul într-un recipient cu capac și congelați timp de cel puțin 4 ore sau până când este ferm.

AFFOGATO

j) Pune o lingură de gelato cu miere de lavandă într-un pahar de servire sau un castron.

k) Preparați o doză de espresso folosind un espressor sau una dintre metodele alternative de preparare menționate mai devreme.

l) Turnați espressoul fierbinte peste cupa de gelato cu miere de lavandă.

m) Decorați cu o crenguță de lavandă proaspătă, dacă doriți.

n) Serviți imediat Gelatoul cu miere de lavandă Affogato și bucurați-vă de combinația de gelato cremos cu aromele aromate de lavandă și miere, îmbunătățite de bogăția espresso-ului.

56. Flan de lămâie și lavandă

INGREDIENTE:
- 1 cană zahăr
- 1 ½ cană de smântână groasă
- ½ cană lapte integral
- 6 ouă mari
- ¼ lingurita sare
- ¼ cană suc proaspăt de lămâie
- 1 lingura coaja de lamaie
- 2 lingurițe de flori uscate de lavandă
- Frișcă și flori suplimentare de lavandă pentru servire

INSTRUCȚIUNI

a) Preîncălziți cuptorul la 325°F.
b) Într-o cratiță medie, încălziți zahărul la foc mediu, amestecând continuu până se topește și devine maro auriu.
c) Se toarnă zahărul topit într-o formă pentru flan de 9 inci, învârtindu-se pentru a acoperi fundul și părțile laterale ale formei.
d) Într-o cratiță mică, încălziți smântâna groasă, laptele integral, sucul de lămâie, coaja de lămâie și florile de lavandă la foc mediu, amestecând constant până când ajunge să fiarbă.
e) Într-un castron separat, amestecați ouăle și sarea.
f) Turnați încet amestecul de smântână fierbinte în amestecul de ouă, amestecând constant.
g) Se strecoară amestecul printr-o sită cu ochiuri fine și se toarnă în forma pentru flan.
h) Puneți forma într-o tavă mare de copt și umpleți vasul cu suficientă apă fierbinte pentru a ajunge la jumătatea părților laterale ale formei.
i) Coaceți timp de 50-60 de minute sau până când flanul este întărit și se zgâlțâie ușor când este agitat.
j) Scoateți din cuptor și lăsați să se răcească la temperatura camerei înainte de a da la frigider pentru cel puțin 2 ore sau peste noapte.
k) Pentru a servi, treceți un cuțit pe marginile formei și răsturnați-l pe un platou de servire. Se serveste cu frisca si un strop de flori de lavanda.

57.Popsicles cu miere de lavandă

INGREDIENTE:
- 2 căni de apă
- ¼ cană de miere
- 1 lingură de muguri de lavandă uscați
- 1 lingura de suc de lamaie

INSTRUCȚIUNI:
a) Într-o cratiță mică, încălziți apa și mierea la foc mediu până când mierea se dizolvă.
b) Adăugați mugurii de lavandă uscați în cratiță și fierbeți timp de 5 minute.
c) Se ia de pe foc și se strecoară mugurii de lavandă.
d) Se amestecă sucul de lămâie.
e) Turnați amestecul în forme pentru popsicle, lăsând puțin spațiu în partea de sus pentru expansiune.
f) Introduceți bețișoarele de popsicle și congelați timp de cel puțin 4 ore sau până când sunt complet înghețate.
g) Pentru a scoate popsicles-urile din forme, treceți-le sub apă caldă câteva secunde până se eliberează ușor.

58.Panna Cotta de lavandă cu sirop de lămâie

INGREDIENTE:
PENTRU PANNA COTTA DE LAVANDA:
- ¼ cană apă
- 1 plic gelatină
- 1¾ cană de smântână groasă
- 1 cană lapte integral
- ⅓ cană zahăr
- 1½ linguriță muguri de lavandă uscați

PENTRU SIROP DE LAMAIE:
- ½ cană suc de lămâie proaspăt stors
- 1 cană zahăr

INSTRUCȚIUNI
PENTRU PANNA COTTA DE LAVANDA:

a) Ungeți ușor patru feluri de cremă de 6 uncii cu ulei antiaderent și rezervați.

b) Într-un vas mic, adăugați apa și stropiți cu gelatină și lăsați să stea 5-10 minute să înflorească.

c) Adăugați smântâna, laptele și zahărul într-o cratiță mică. Se încălzește la foc mediu aproape până la fierbere, amestecând pentru a dizolva zahărul. Se ia de pe foc; se amestecă cu mugurii de lavandă și se acoperă. Se lasa sa stea si sa se infuzeze timp de 10 minute.

d) Puneți vasul cu gelatină la cuptorul cu microunde și ștergeți timp de zece secunde până devine un sirop subțire. Adăugați gelatina în amestecul de smântână, amestecând bine pentru a se combina.

e) Turnați amestecul printr-o strecurătoare cu plasă fină într-un alt castron și aruncați mugurii de lavandă. Lăsați amestecul să se răcească până la călduț.

f) Amestecați amestecul și turnați-l în patru vase sau forme de cremă de 6 uncii. Transferați la frigider și lăsați-l la rece timp de 2-4 ore sau peste noapte până când se fixează bine.

PENTRU SIROP DE LAMAIE:

g) Într-o cratiță mică, puneți la foc mediu și combinați sucul de lămâie și zahărul. Se aduce la fierbere, se reduce focul la mic și se fierbe timp de 10 minute pentru a reduce puțin.

h) Se ia de pe foc si se lasa sa se raceasca inainte de a adauga intr-un borcan cu capac, apoi se da la frigider pana este gata de utilizare. Siropul se va ingrosa cand se va raci.

i) Pentru a servi Panna Cotta cu sirop de lămâie:

j) Pentru a elibera panna cotta fixată, treceți un cuțit în jurul marginii interioare a panna cotta gelificată.

k) Lucrând cu câte un fel de mâncare, puneți vasul în apă caldă timp de 10 secunde.

l) Ridicați din apă și cu degetele umede, trageți ușor gelatina de pe marginea formei. Acoperiți cu o farfurie umedă de servire. Întoarceți farfuria și ridicați cu grijă vasul.

m) Puneți o farfurie umedă de servire deasupra formei. Scoateți ușor matrița și turnați deasupra siropul de lămâie.

n) Rupeți niște flori proaspete de lavandă și împrăștiați-le pe sirop. Ornați fiecare porție cu flori de lavandă.

59.Cheesecake cu lavandă și afine fără coacere

INGREDIENTE:
CRUSTĂ
- 110 grame de biscuiți graham fără gluten zdrobiți fin (aproximativ 1 cană)
- ½ linguriță muguri de lavandă comestibile uscați măcinați grosier
- 4 linguri de unt topit

TOPPING DE Afine
- 1½ cani de afine
- ¼ cană apă
- 3 linguri de zahăr organic din trestie
- ½ lingurita coaja de lamaie
- ¼ lingurita extract de vanilie
- vârf de cuțit de sare
- ¾ linguriță muguri de lavandă comestibile uscați

Umplutură de cheesecake
- ¾ cană smântână groasă răcită
- 8 uncii de crema de branza, la temperatura camerei
- 4 uncii de brânză de capră, la temperatura camerei
- ½ cană de zahăr organic din trestie
- 2 lingurite coaja de lamaie
- 1 lingurita extract de vanilie
- ½ linguriță muguri de lavandă comestibile uscați măcinați grosier

INSTRUCȚIUNI

a) Pune biscuiții Graham într-un robot de bucătărie. Procesați până când au o textură fină, nisipoasă. Transferați într-un castron mediu. Adăugați lavandă, sare și unt. Se amestecă bine cu o furculiță pentru a încorpora untul în toate firimiturile. Pune o bucată rotundă de pergament în fundul tăvii cu arc. Apăsați firimiturile cu o lingură și cu mâinile, în partea de jos și puțin mai puțin de jumătate în sus pe părțile laterale. Asigurați-vă că apăsați ferm. Pune la congelator.

b) Puneți 1 cană de afine și apă într-un robot de bucătărie și amestecați până când sunt tăiate în bucăți mici. Goliți amestecul într-o cratiță mică. Adăugați zahărul, coaja de lămâie, vanilia și sarea. Aduceți la fiert la foc mediu, amestecând continuu.

c) Adăugați jumătatea rămasă de afine. Puneți levănțica într-o pungă de ceai reutilizabilă sau într-o pungă din pânză de brânză, sigilați-o și adăugați-o în sos. Reduceți căldura și continuați să amestecați pe măsură ce levănțica se înmuie. Când sosul s-a îngroșat, pentru aproximativ 10 minute, se ia de pe foc.

d) Continuați să înmuiați levănțica pentru încă 15 până la 20 de minute. Apoi scoateți plicul sau punga de ceai. Lăsați sosul să se răcească complet.

e) Într-un castron mare, bate smântâna groasă cu un mixer electric până se formează vârfuri moi. Într-un al doilea castron mare, folosiți mixerul pentru a bate crema de brânză, brânza de capră, zahăr, coaja de lămâie și lavandă. Odată ce amestecul este complet combinat, folosiți o spatulă pentru a adăuga ușor frișca.

f) Scoateți crusta din congelator și turnați umplutura. Se netezește cu o lingură mare. Dați la frigider pentru cel puțin patru ore, cel mai bine peste noapte. Când este gata de servire, scoateți-l din frigider și eliberați din formă.

g) Puneți deasupra o cantitate generoasă de sos de afine și tăiați imediat. Cheesecake va rezista 4 zile la frigider.

60.Afine, lavandă, merișor crocant

INGREDIENTE:
- 3 căni de afine
- 1 cană de afine
- ½ linguriță de flori proaspete de lavandă
- ¾ cană zahăr
- 1-½ cană de biscuiți graham zdrobiți din fulgi de ovăz
- ½ cană zahăr brun
- ½ cană de unt topit
- ½ cană de migdale feliate

INSTRUCȚIUNI:
a) Preîncălziți cuptorul la 350 de grade F.
b) Combinați afinele, merisoarele, florile de lavandă și zahărul.
c) Se amestecă bine și se toarnă într-o tavă de copt de 8 x 8 inch.
d) Combinați biscuiții zdrobiți, zahărul brun, untul topit și migdalele feliate.
e) Se sfărâmă peste partea de sus a umpluturii.
f) Coaceți timp de 20 până la 25 de minute, până când umplutura devine spumoasă.
g) Se răcește cel puțin 15 minute înainte de servire.

61.Granita de lavandă

INGREDIENTE:
- 2 linguri. capete proaspete de lavandă
- 1/2 cană zahăr superfin
- 1 cană apă clocotită
- 1 cană apă rece
- 2 lingurite suc de lămâie
- 2 lingurite suc de portocale

INSTRUCȚIUNI:

a) Puneți capetele de lavandă și zahărul într-un bol și adăugați apa clocotită. Se amestecă bine, apoi se acoperă și se lasă să se răcească complet.

b) Se strecoară, apoi se adaugă apa rece și sucurile de fructe. Se toarnă într-un recipient de congelare și se îngheață până când este aproape ferm, despărțindu-se cu o furculiță o dată în timpul congelarii. Chiar înainte de servire, despărțiți din nou cu o furculiță în cristale frumoase, uniforme.

c) Aroma acestei gheață delicată va dispărea în curând, așa că mănâncă-o cât mai curând posibil.

62. Trufe Ganache de Lavandă

INGREDIENTE:
- 1 cană smântână grea pentru frișcă
- 2 linguri de unt nesarat
- 2 linguri miere
- ⅓ cană muguri de flori de lavandă uscate
- 2 (3 uncii) batoane de ciocolată de înaltă calitate 72% cacao, tocate fin
- 2 uncii pudră de cacao crudă neprocesată sau pudră de cacao naturală de înaltă calitate, neîndulcită, plus mai mult pentru rularea trufelor

INSTRUCȚIUNI:

a) Puneți smântâna, untul și mierea într-un boiler. Se încălzește la foc mediu până când vezi aburii crescând și formându-se bule mici în jurul marginii, dar amestecul nu fierbe tocmai. Se amestecă lavandă, se acoperă și se stinge focul. Lăsați lavanda să se infuzeze în cremă timp de 15 minute.

b) Puneți ciocolata și pudra de cacao într-un castron mare. Când crema de lavandă este infuzată, strecurați-o printr-o sită cu plasă fină direct în bolul cu ciocolată. Se lasa sa stea 2 minute pentru a se topi ciocolata.

c) După 2 minute, amestecați amestecul până devine omogen și strălucitor. Un blender cu stick funcționează bine aici, dar nu este necesar.

d) Acoperiți vasul. Pune vasul și 2 lingurițe la frigider pentru a se răci timp de 2 până la 5 ore. Nu înghețați.

e) Puneți pudra de cacao pentru rulare într-o tigaie mică. Tapetați o foaie de copt cu hârtie de copt.

f) Ești gata să te rostogolești? Mâinile calde fac ca rularea trufelor să fie o provocare, așa că asigurați-vă că treceți mâinile sub apă foarte rece (apoi uscați-le) sau țineți o pungă de gheață cu gel sau o pungă de legume congelate. Mâinile reci și uscate vă vor permite să rulați trufele cu succes.

g) Luați o linguriță de ciocolată și formați o minge între mâini, lucrând rapid. Înmuiați bila în praful de cacao și puneți-o pe tava de copt pregătită. Repeta. Este posibil să fie nevoie să vă răcoriți mâinile de mai multe ori.

h) Pune la frigider trufele finite într-un recipient sigilat. Ar trebui să reziste câteva săptămâni (cu disciplină expertă!).

63.Înghețată botanică de lavandă

INGREDIENTE:
- 2 căni de smântână groasă
- 1 cană lapte integral
- 3/4 cană zahăr granulat
- 2 linguri muguri de lavandă uscați (grad culinar)
- 5 gălbenușuri mari
- 1 lingurita extract de vanilie

INSTRUCȚIUNI:
Infuzați crema și laptele:
a) Într-o cratiță, combinați smântâna groasă, laptele integral și mugurii de lavandă deshidratați.
b) Se încălzește amestecul la foc mediu până când începe să fiarbă. Nu fierbe.
c) Odată ce fierbe, se ia cratița de pe foc și se lasă levănțica la infuzat în amestec pentru aproximativ 20-30 de minute.
d) După înmuiere, strecoară amestecul printr-o sită cu ochiuri fine sau o pânză de brânză pentru a îndepărta mugurii de lavandă. Apăsați pe lavandă pentru a extrage cât mai multă aromă.

PREGĂTIȚI BAZA DE ÎNGHEȚATĂ:
e) Într-un castron separat, amestecați gălbenușurile și zahărul până când se combină bine și se îngroașă ușor.
f) Turnați încet crema infuzată cu levănțică în amestecul de ouă, amestecând constant pentru a preveni închegarea ouălor.
g) Întoarceți amestecul combinat în cratiță.
h) Gătiți crema la foc mediu, amestecând constant, până se îngroașă suficient pentru a acoperi spatele unei linguri. Acest lucru durează de obicei aproximativ 5-7 minute. Nu-l lăsa să fiarbă.
i) Se strecoară crema printr-o sită cu ochiuri fine într-un castron curat pentru a îndeparta orice rămășițe de ou fiert sau de lavandă.
j) Lăsați crema să se răcească la temperatura camerei. Puteți accelera procesul punând vasul într-o baie de gheață.
k) Odată ce crema s-a răcit, amestecați extractul de vanilie.
l) Acoperiți vasul cu folie de plastic și lăsați-l la frigider pentru cel puțin 4 ore sau peste noapte pentru a permite aromelor să se topească.

BATĂ ÎNGHEȚATA:
m) Turnați amestecul răcit într-un aparat de înghețată și amestecați conform instrucțiunilor producătorului.
n) Transferați înghețata amestecată într-un recipient cu capac și congelați timp de câteva ore sau până când se întărește.
o) Scoateți înghețata botanică în boluri sau conuri și savurați aromele unice!

64. Plăcintă cu levănțică

INGREDIENTE:
- 3 căni de fructe de pădure amestecate (căpșuni, afine, zmeură, mure)
- 1 cană zahăr granulat
- 1/4 cană amidon de porumb
- 1 lingura suc proaspat de lamaie
- 1 lingurita de lavanda culinara uscata
- 1 pachet cruste de placinta la frigider (sau de casa)

INSTRUCȚIUNI:
a) Preîncălziți cuptorul la 375°F (190°C).
b) Într-un castron mare, combinați fructele de pădure amestecate, zahărul granulat, amidonul de porumb, sucul de lămâie și lavanda uscată. Aruncă până când boabele sunt acoperite.
c) Întindeți o crustă de plăcintă și puneți-o într-un vas de plăcintă. Turnați amestecul de fructe de pădure în crustă.
d) Întindeți a doua crustă de plăcintă și puneți-o peste fructe de pădure. Tăiați crusta în exces și ungeți marginile pentru a sigila plăcinta.
e) Folosește un cuțit ascuțit pentru a face câteva orificii mici în crusta superioară pentru a permite aburului să iasă.
f) Coaceți timp de 40-45 de minute sau până când crusta este maro aurie și umplutura este spumoasă. Lăsați plăcinta să se răcească înainte de servire.

65. Plăcinte de mână cu lavandă și afine

INGREDIENTE:
- 2 cani de afine proaspete
- 1/2 cană zahăr granulat
- 1 lingura amidon de porumb
- 1 lingura suc proaspat de lamaie
- 1 lingurita de lavanda culinara uscata
- 2 pachete cruste de placinta la frigider (sau de casa)

INSTRUCȚIUNI:
a) Preîncălziți cuptorul la 375°F (190°C).
b) Într-un castron, combina afinele, zahărul, amidonul de porumb, sucul de lămâie și lavanda uscată. Se amestecă până când afinele sunt acoperite.
c) Întindeți crustele de plăcintă și tăiați-le rondele.
d) Turnați amestecul de afine pe jumătate din rondele, lăsând un chenar mic.
e) Așezați rondele rămase deasupra și apăsați marginile pentru a sigila. Puteți folosi o furculiță pentru a sertizat marginile.
f) Coaceți timp de 20-25 de minute sau până când plăcintele de mână sunt aurii.
g) Lăsați-le să se răcească înainte de a le servi.

66.Piersici Poșate cu Lavandă

INGREDIENTE:
- 4 piersici coapte, decojite, fără sâmburi și feliate
- 1 cană apă
- 1 cană zahăr granulat
- 2 linguri de lavandă culinară uscată

INSTRUCȚIUNI:
a) Într-o cratiță, combinați apa, zahărul și levănțica uscată.
b) Aduceți amestecul la fiert la foc mediu, amestecând până se dizolvă zahărul.
c) Adăugați piersicile feliate în lichidul care fierbe.
d) Poarsați piersicile aproximativ 8-10 minute până sunt fragede.
e) Scoateți piersicile din lichidul de braconat și lăsați-le să se răcească.
f) Serviți piersicile poșate cu o stropire de muguri proaspeți de lavandă (opțional).

CONDIMENTE

67.Glazură de lavandă

INGREDIENTE:
- 1 cană de zahăr pudră
- 2 linguri de lapte
- ½ linguriță muguri de lavandă uscați (grad culinar)
- Colorant alimentar violet (opțional)

INSTRUCȚIUNI:
a) Într-o cratiță mică, încălziți laptele și mugurii de lavandă uscați la foc mic până se încălzesc.
b) Se ia de pe foc si se lasa la infuzat aproximativ 10 minute.
c) Strecurați laptele pentru a îndepărta mugurii de lavandă.
d) Într-un castron, amestecați zahărul pudră și laptele infuzat până când se omogenizează.
e) Reglați consistența adăugând mai mult zahăr pudră sau lapte după cum este necesar.
f) Stropiți glazura de lavandă peste desert și lăsați-o să se întărească înainte de servire.

68. Muștar cu miere de lavandă

INGREDIENTE:
- ¼ cană muştar de Dijon
- 2 linguri miere
- 1 lingurita de flori uscate de lavanda
- 1 lingura otet de vin alb
- Sare si piper dupa gust

INSTRUCŢIUNI:
a) Într-un castron mic, combinaţi muştarul de Dijon, mierea, florile uscate de lavandă şi oţetul de vin alb.
b) Se amestecă bine până când toate ingredientele sunt bine combinate.
c) Se condimenteaza cu sare si piper dupa gust.
d) Se serveşte ca o baie pentru pui, ca sos de salată sau ca glazură pentru legumele la grătar.

69.Ulei de măsline infuzat cu lavandă

INGREDIENTE:
- 1 cană ulei de măsline extravirgin
- 2 linguri muguri de lavandă uscați

INSTRUCȚIUNI:

a) Într-o cratiță mică, încălziți uleiul de măsline la foc mic până ajunge la aproximativ 180 ° F (82 ° C).

b) Scoateți cratita de pe foc și adăugați mugurii de lavandă uscați.

c) Lăsați uleiul să se răcească la temperatura camerei și lăsați-l la infuzat timp de cel puțin 24 de ore.

d) Strecurați uleiul pentru a îndepărta mugurii de lavandă.

e) Transferați uleiul de măsline infuzat cu lavandă într-o sticlă curată și ermetică.

f) Folosiți acest ulei pentru sosurile de salată, stropind peste legumele prăjite sau ca ulei de scufundare pentru pâine.

70. Zahăr de lavandă

INGREDIENTE:
- 16 uncii de zahăr granulat
- Flori uscate de lavandă

INSTRUCȚIUNI:
a) Începeți prin a pregăti un borcan curat de 16 uncii.
b) În borcan se adaugă zahărul granulat și florile uscate de lavandă.
c) Închideți bine borcanul.
d) Puneți borcanul într-un loc răcoros și uscat timp de două săptămâni pentru a permite aromelor să se topească.
e) După două săptămâni, îndepărtați cu grijă florile uscate de lavandă din zahăr.
f) Bucurați-vă de zahărul de lavandă de casă ca un plus încântător pentru eforturile dvs. de coacere și gătit!

71.Dulceata de lavanda de capsuni

INGREDIENTE:

- 1 kilogram de căpșuni
- 1 kilogram de zahăr
- 24 de tulpini de lavandă (împărțite)
- 2 lămâi, suc de

INSTRUCȚIUNI:

a) Începeți prin spălarea, uscarea și decorticarea căpșunilor.

b) Într-un castron mare, stratificați căpșunile cu zahărul și 12 tulpini de lavandă. Puneți acest amestec într-un loc răcoros peste noapte pentru a permite aromelor să se topească.

c) A doua zi, scoateți și aruncați tulpinile de lavandă folosite pentru infuzarea peste noapte. Puneți amestecul de fructe de pădure într-o cratiță mare, fără aluminiu.

d) Leagă împreună cele 12 tulpini de lavandă rămase și adaugă-le la fructe de pădure împreună cu sucul de lămâie.

e) Gătiți amestecul la foc mediu până când ajunge la fierbere, apoi continuați să gătiți timp de 20 până la 25 de minute, amestecând din când în când. Asigurați-vă că îndepărtați orice spumă care se formează deasupra.

f) Odată ce dulceața s-a îngroșat și a atins consistența dorită, îndepărtați și aruncați tulpinile de lavandă.

g) Turnați cu grijă dulceața de lavandă de căpșuni în borcane sterilizate și sigilați-le.

72. Marinada de lavandă

INGREDIENTE:
- 1 cană suc de portocale
- 3 linguri ulei de masline
- 2 catei de usturoi, presati
- 1 lingurita mustar de Dijon
- ½ linguriță fiecare: levănțică uscată, busuioc, semințe de fenicul, cimentar
- Sare kosher și piper proaspăt măcinat după gust

INSTRUCȚIUNI:
a) Într-un castron mic, combinați toate ingredientele pentru marinada de lavandă.
b) Lăsați aromele să se amestece lăsând marinada să stea cel puțin 2 ore înainte de a o folosi pentru a marina carnea.
c) Pentru marinarea păsărilor de curte, dați carnea la frigider în marinadă timp de până la 2 ore.
d) Pentru marinarea peștelui, puneți peștele la frigider în marinadă până la 30 de minute.
e) Notă: Această marinadă poate fi folosită și ca sos pentru salată. Pentru a face acest lucru, înlocuiți sucul de portocale cu ½ cană de suc de lămâie și creșteți uleiul de măsline la ½ cană. Pur și simplu stropește-l peste ingredientele tale preferate pentru salată și bucură-te!
f) Această marinată versatilă de lavandă adaugă o notă unică și aromatică păsărilor de curte la grătar, peștelui sau chiar ca sos de salată delicios.

73. Saramură de lavandă pentru păsări de curte

INGREDIENTE:
- 1 cană suc de portocale
- 3 linguri ulei de masline
- 2 catei de usturoi; presat
- 1 lingurita mustar de Dijon
- ½ lingurita Fiecare: lavanda uscata; busuioc, seminte de fenicul, savuros
- Sare cușer; piper proaspăt măcinat după gust

INSTRUCȚIUNI:
a) Se amestecă toate ingredientele într-un vas mic.
b) Lăsați aromele să se amestece cel puțin 2 ore înainte de a turna peste carne.
c) Marinați carnea de pasăre până la 2 ore la frigider; pește până la 30 de minute.

74.Marmeladă de lavandă de portocale sanguine

INGREDIENTE:
- 6 portocale cu sânge
- 4 căni de zahăr
- 4 căni de apă
- 2 linguri muguri de lavandă uscați

INSTRUCȚIUNI:
a) Taiati portocalele subtiri.
b) Într-o oală, combinați felii de portocală sanguină, zahăr, apă și muguri de lavandă uscați.
c) Se fierbe până când cojile sunt fragede.
d) Se fierbe rapid până se atinge punctul de priză.
e) Se toarnă în borcane sterilizate, se sigilează și se răcește.

75.Ulei de lavandă de casă

INGREDIENTE:
- 1/4 cană de flori uscate de lavandă
- 1 cană de ulei neutru (de exemplu, ulei de sâmburi de struguri, canola sau șofran)

INSTRUCȚIUNI:
a) Puneți florile uscate de lavandă într-un borcan de sticlă curat și uscat, cu un capac ermetic.
b) Încinge uleiul neutru într-o cratiță sau cuptorul cu microunde până când este cald, dar nu fierbe. Îl poți încălzi pe aragaz la foc mic sau îl poți pune la microunde la intervale scurte.
c) Turnați uleiul cald peste florile uscate de lavandă din borcan. Asigurați-vă că florile sunt complet scufundate în ulei.
d) Sigilați bine borcanul cu capacul.
e) Lăsați borcanul să stea într-un loc răcoros și întunecat timp de aproximativ 1-2 săptămâni. Acest lucru permite parfumului de lavandă să se infuzeze în ulei.
f) Agitați borcanul ușor la fiecare câteva zile pentru a ajuta la distribuirea uniformă a aromei de lavandă.
g) După perioada de infuzie, strecoară uleiul printr-o sită cu plasă fină sau o pânză de brânză într-un recipient curat și uscat. Acest lucru va elimina florile de lavandă, lăsându-vă cu ulei infuzat cu lavandă.
h) Păstrați uleiul de lavandă într-un loc răcoros și întunecat pentru a-și menține prospețimea. Ar trebui să dureze de la câteva săptămâni la câteva luni.
i) Uleiul de lavandă de casă este util în diverse scopuri, inclusiv aromoterapie, masaj sau ca ingredient în produsele de baie și de corp. De asemenea, îl puteți folosi cu moderație în gătit și coacere pentru a adăuga o notă florală subtilă mâncărurilor și deserturilor.

76.Glazură cu cremă de unt, lavandă, vanilie

INGREDIENTE:
- 225 grame unt nesarat aproximativ 1 cana
- 450 grame zahar pudra cernut (aproximativ 4 cani)
- 1/2 lingurita extract de vanilie
- 2 picături de ulei esențial de lavandă
- Colorant alimentar Violet Wilton Gel [8]
- Geantă de decorare [9]
- #125 vârf de glazură [5]
- Stropi de zahăr de lavandă Wilton [6]

INSTRUCȚIUNI:
a) Într-un mixer cu stand, utilizați accesoriul cu paletă pentru a amesteca untul pe mediu până devine palid și pufos. Acest lucru va dura aproximativ 2 minute.

b) Opriți mixerul și răzuiți părțile laterale. Adăugați aproximativ jumătate din zahăr pudră. Porniți mixerul la nivel scăzut. Se amestecă până la ingrediente sunt integrate și apoi opriți mixerul. Răzuiți din nou părțile laterale în jos.

c) Adăugați restul de zahăr pudră. Porniți din nou mixerul la nivel scăzut. Se amestecă până când ingredientele sunt integrate și apoi se amestecă la mediu timp de 2 minute. Opriți și răzuiți din nou părțile laterale în jos.

d) Dați mixerul la putere mare și amestecați timp de 3 minute. Glazura va crește în volum.

e) Opriți mixerul și răzuiți părțile laterale. Adăugați extract de vanilie și 1 picătură de ulei esențial de lavandă. Se amestecă la mic și se gustă glazura. Dacă aroma de lavandă este prea ușoară pentru gusturile dvs., adăugați încă 1 picătură de ulei esențial de lavandă și amestecați din nou.

f) Acum adăugați o cantitate mică de colorant alimentar. Se amestecă la foc mic până când culoarea este uniformă. Poate doriți să adăugați mai multă culoare de gel pentru o nuanță mai închisă și mai profundă. Acest lucru ar putea dura câteva sesiuni de amestecare și răzuire până când toată culoarea este consistentă.

g) Puneți vârful de glazură în punga de decorare. Mutați glazura în pungă și înghețați-vă cupcakes.

77. Miere de lavandă Wasabi

INGREDIENTE:
- ¼ cană Pastă Wasabi
- 2 linguri miere
- 1 lingurita de flori uscate de lavanda
- 1 lingura otet de vin alb
- Sare si piper dupa gust

INSTRUCȚIUNI:

e) Într-un castron mic, combinați pasta de wasabi, mierea, florile uscate de lavandă și oțetul de vin alb.
f) Se amestecă bine până când toate ingredientele sunt bine combinate.
g) Se condimenteaza cu sare si piper dupa gust.
h) Se servește ca o baie pentru pui, ca sos de salată sau ca glazură pentru legumele la grătar.

78.Lavandă, vanilie, marmeladă de lămâie Meyer

INGREDIENTE:
- 8 lămâi Meyer
- 3 1/2 căni de zahăr
- 1 lingura de lavanda uscata
- 1 seminţe de boabe de vanilie răzuite

INSTRUCŢIUNI:
a) Pentru a pregăti lămâile - tăiaţi lămâile felii pe lungime. Folosind un cuţit ascuţit, tăiaţi miezul alb de pe marginea fiecărei felii, dar nu o aruncaţi afară. Scoateţi şi aruncaţi toate seminţele.
b) Tăiaţi lămâile în bucăţi. Mărimea bucăţilor este dimensiunea cojilor din marmeladă, aşa că dacă doriţi o marmeladă mai consistentă, feliaţi în bucăţi mai mari şi invers.
c) Pune lămâile într-o oală mare pe aragaz, oferindu-ţi mult loc.
d) Luaţi măduva rezervată şi legaţi-o într-o cârpă de brânză sau adăugaţi-o într-o pliculeţe de ceai cu frunze vrac. Adăugaţi asta în oală.
e) Acoperiţi lămâile cu apă şi aduceţi la fiert. Fierbeti 20 de minute si gustati o bucata de coaja pentru a vedea daca este suficient de inmuiata pentru a fi consumata. Poate fi amar în acest moment pentru că nu există zahăr. Dacă cojile tale nu sunt atât de moi pe cât ţi-ai dori, continuă să găteşti - nu se vor mai înmuia odată ce se adaugă zahărul.
f) Scoateţi punga de măduvă şi stoarceţi lichidul în oală. Aruncaţi geanta.
g) Adăugaţi zahărul în oală. Reduceţi la fiert şi fierbeţi.
h) Puteţi testa starea de gătit a marmeladei în două moduri. Un termometru pentru bomboane este cel mai uşor şi mai prost – odată ce atinge 220-222 de grade F, este gata. Dacă nu aveţi un termometru pentru bomboane, puneţi un vas mic în congelator. Pentru a vă testa marmelada, puneţi puţin pe vas. Daca se sifoneaza, gata. Procesul ar trebui să dureze 20-30 de minute.
i) Odată ce marmelada ta este gata, stinge focul şi amestecă levănţica şi vanilia. Se lasa sa se raceasca 15 minute.
j) Sterilizaţi 6 borcane cu gem şi umpleţi cu marmeladă răcită. Sigilaţi bine.

79.Marmeladă de lămâie şi lavandă

INGREDIENTE:
- 4 lamai, coaja si zeama
- 1 lingură muguri de lavandă uscați
- 1/4 cană zahăr
- 1/4 cană apă

INSTRUCȚIUNI:
a) Într-o oală, combinați coaja de lămâie, sucul de lămâie, muguri de lavandă uscați, zahăr și apă. Se fierbe până când amestecul se îngroașă.
b) Se fierbe rapid până se ajunge la consistența dorită.
c) Se toarnă în borcane sterilizate, se sigilează și se lasă să se răcească.

BĂUTURI

80. Rom, Ube și Lavanda Lassi

INGREDIENTE:
- ½ cană ube gătit și piure (igname mov)
- 1 cană iaurt simplu
- ¼ cană rom
- 2 linguri de miere (adaptați după gust)
- ½ linguriță muguri de lavandă uscați
- Cuburi de gheata

INSTRUCȚIUNI:
a) Începeți prin a găti și a zdrobi ube:
b) Curățați și tăiați ube-ul.
c) Fierbeți sau fierbeți ube-ul până când este moale și ușor piure.
d) Pasați ube-ul fiert folosind o furculiță sau un zdrobitor de cartofi până la omogenizare. Se lasa sa se raceasca la temperatura camerei.
e) Într-un blender, combinați piureul, iaurtul simplu, romul și mierea.
f) Adăugați mugurii de lavandă uscați în blender. Puteți folosi un mojar și un pistil pentru a zdrobi puțin mugurii de lavandă înainte de a le adăuga, ceea ce va ajuta la eliberarea mai multă aromă.
g) Adăugați o mână de cuburi de gheață în blender pentru a vă face lassi-ul frumos și rece.
h) Amesteca totul pana se omogenizeaza si bine combinat.
i) Gustați lassi și ajustați dulceața adăugând mai multă miere dacă este necesar.
j) Odată ce sunteți mulțumit de aromă și consistență, turnați lassi în pahare.
k) Ornează-ți Lassi de rom, Ube și lavandă cu o stropire de muguri de lavandă uscați sau o crenguță de lavandă proaspătă, dacă ai la îndemână.
l) Serviți imediat și bucurați-vă de lassi unic și răcoritor!

81. Apă infuzată cu lavandă de afine

INGREDIENTE:
- ½ cană de afine
- 4 căni de apă
- Flori comestibile de lavandă

INSTRUCȚIUNI:
a) Pune ingredientele într-un ulcior.
b) Răciți o jumătate de oră.
c) Se strecoară și se toarnă peste cuburi de gheață, înainte de a servi.

82.Apă de castraveți și lavandă

INGREDIENTE:
- 1 castravete, curatat si tocat
- 2 crenguțe proaspete de lavandă
- 2 litri de apă de izvor

INSTRUCȚIUNI:
a) Pune ingredientele în borcanul tău.
b) Acum puneți la frigider până se răcește înainte de a servi.

83.Apa de grepfrut-lavandă

INGREDIENTE:

- 1 grapefruit, decojit și tocat
- 2 crenguțe proaspete de lavandă, strânse ușor
- 5 frunze de mentă proaspătă, strânse ușor

INSTRUCȚIUNI:

a) Pune ingredientele într-o sticlă de sticlă.
b) Umpleți-l cu apă.
c) Puneți la frigider cel puțin 3 ore.
d) Se serveste rece sau cu cuburi de gheata.

84. Portocală și lavandă

INGREDIENTE:
- 1 portocală, decojită
- 2 crenguțe proaspete de lavandă, strânse ușor

INSTRUCȚIUNI:
a) Pune toate ingredientele într-o sticlă de sticlă. Umple cu apă.
b) Amestecați folosind o lingură de lemn și puneți la frigider înainte de a servi.

85. Chefir dulce cu lapte de lavandă

INGREDIENTE:

- 4 căni de chefir de lapte
- 2 linguri capete de flori de lavandă uscate
- Zahăr organic din trestie de zahăr sau stevie

INSTRUCȚIUNI:

a) Faceți chefir tradițional de lapte, lăsând chefirul să fermenteze la temperatura camerei timp de 24 de ore.

b) Strecurați boabele de chefir și mutați-le în lapte proaspăt.

c) Se amestecă capetele de flori de lavandă în chefirul de lapte. Nu adăugați capetele de flori în timp ce boabele de chefir sunt încă în chefir.

d) Puneți capacul pe chefir și lăsați-l să stea la temperatura camerei peste noapte. Al doilea ferment ar trebui să dureze 12 până la 24 de ore.

e) Strecurați chefirul pentru a scăpa de capetele florilor.

f) Adăugați zahăr din trestie de zahăr sau stevia. Se amestecă îndulcitorul în chefir.

86.Afine Lămâie Lavandă chefir

INGREDIENTE:
- 4 căni din primul ferment
- 10 afine proaspete sau congelate, de preferat organice
- ¼ cană suc de lămâie
- ¼ de linguriță de lavandă culinară

INSTRUCȚIUNI:

a) Faceți primul ferment și lăsați borcanul într-un loc cald timp de 24-48 de ore.

b) Adăugați suc de lămâie și lavandă culinară într-o sticlă curată cu capac pivotant.

c) Adăugați afine în sticlă pe rând, strângând ușor fructele, astfel încât sucul să curgă.

d) Strecurați boabele și adăugați primul ferment în sticlă cu suc de lămâie, lavandă și afine.

e) Sigilați sticla cu capac pivotant și lăsați-o într-un loc cald timp de 24 de ore pentru al doilea ferment.

f) Dă la frigider până se răcește bine.

g) Deschide încet, strecoară și bucură-te!

87.Ceai cu lapte de lavandă

INGREDIENTE:
- 3 pliculete de ceai Earl Grey
- ½ cană perle de tapioca
- 2 linguri de zahar brun
- 1 lingură flori de lavandă uscate
- ½ cană lapte de migdale
- 1 cană de gheață

INSTRUCȚIUNI

a) Fierbeți 2 căni de apă și luați de pe foc.
b) Adăugați florile de lavandă în vrac într-un infuzor de ceai și puneți-le în apă fierbinte împreună cu pliculețele de ceai, înmuiate timp de 5 minute.
c) Scoateți pliculețele de ceai și infuzorul de ceai și lăsați ceaiul să ajungă la temperatura camerei.
d) În timp ce ceaiul se răcește, aduceți o oală mică cu apă la fiert, adăugați perlele de tapioca, reduceți focul și fierbeți timp de 5-6 minute.
e) Strecurați perlele, adăugați într-un castron mic și amestecați prin zahăr brun. Dați deoparte și răciți complet.
f) Împărțiți uniform perlele de tapioca și siropul înmuiate între două pahare.
g) Împărțiți gheața între pahare și acoperiți cu ceaiul înmuiat și terminați cu lapte de migdale.
h) Se amestecă și se servește imediat.

88.Vin de trandafir și lavandă

INGREDIENTE:
- 1 sticla de Pinot Grigio
- 5 petale de trandafir
- 2 tulpini de lavandă

INSTRUCȚIUNI:
a) Adăugați ierburile direct în sticla de vin deschisă.
b) Sigilați bine.
c) Se pune la macerat timp de 3 zile la loc racoros sau la frigider.
d) Strecurați petalele de trandafiri și levănțica.
e) Serviți într-un pahar.
f) Ornează cu petale de trandafir și lavandă.

89. Ceai de mentă și lavandă

INGREDIENTE:
- ½ cană frunze de mentă
- 2 linguri nectar de agave
- 2 linguri de lavandă uscată

INSTRUCȚIUNI:
a) Combinați toate ingredientele.
b) Se toarnă 4 căni de apă clocotită.
c) Servit rece.

90.Ceai cu gheață de afine și lavandă

INGREDIENTE:
- 1 lingura suc de lamaie
- ½ cană de afine
- 2 linguri de lavandă uscată
- 6 căni de apă clocotită
- 6 pliculete de ceai

INSTRUCȚIUNI:
a) Într-un ulcior, puneți apă clocotită și pliculețe de ceai.
b) Lăsați la macerat câteva minute.
c) Scapa de pliculete de ceai.
d) Se pune in ingredientele ramase.

91. Ceai cu gheață de mandarine și lavandă

INGREDIENTE:
- 1 ½ linguriță de lavandă uscată
- 1 mandarina, curatata si taiata
- 8 căni de apă
- 8 pliculete de ceai
- Miere

INSTRUCȚIUNI:
a) Aduceți apă la fierbere.
b) Puneți în pliculețe de ceai și lăsați la macerat timp de 5 minute; strecoară ceaiul într-un ulcior.
c) Puneți restul ingredientelor.
d) Se răcește și se servește peste gheață pisată.

92.Ceai de lavandă și semințe de fenicul

INGREDIENTE:
- 1 cană apă
- ½ linguriță muguri de lavandă
- câteva petale de trandafir uscate
- 10-12 frunze de mentă
- ½ linguriță de semințe de fenicul

INSTRUCȚIUNI:

a) Încinge apa într-un ibric sau o tigaie până când începe să fiarbă.

b) Adăugați muguri de lavandă, petale de trandafir, semințe de fenicul și frunze de mentă la o presă de cafea.

c) Adăugați apa fierbinte.

d) Lăsați amestecul să se infuzeze timp de 4 minute.

e) Apăsați pistonul în jos.

f) Servește ceaiul într-o ceașcă.

93. Lichior de lavandă- rozmarin

INGREDIENTE:
- Sticla de vodcă de 750 de mililitri
- 1 crenguță de rozmarin proaspăt, clătită
- 2 crenguțe de lavandă proaspătă, clătite

INSTRUCȚIUNI:
a) Pune ierburile într-un borcan Mason.
b) Turnați vodca în borcan.
c) Agitați-l de câteva ori și înmuiați-l timp de trei până la cinci zile.
d) Se strecoară ierburile.

94. Latte cu vanilie, Earl Grey și lavandă

INGREDIENTE:
- ½ cană apă fierbinte (nu fiartă)
- 1 shot de espresso sau ½ ceașcă de cafea robustă
- ½ cană lapte
- 1 pliculeț de ceai Earl Grey
- ½ linguriță muguri de lavandă culinară uscați (ajustați după gust)
- ½ linguriță extract pur de vanilie
- Miere sau îndulcitor la alegere (opțional)

INSTRUCȚIUNI:
PENTRU PERFUZIA DE CEAI EARL GRAY:
a) Începeți prin a pune plicul de ceai Earl Grey sau ceaiul cu frunze vrac într-o ceașcă sau o cană.
b) Se încălzește ½ cană de apă până când ajunge la punctul de fierbere, în jur de 180 ° F sau 82 ° C, apoi se toarnă peste plicul de ceai sau frunze.
c) Lăsați ceaiul să se infuzeze timp de 3-5 minute, ajustând durata pentru a se potrivi cu puterea dorită a ceaiului. După aceea, scoateți plicul de ceai sau strecurați ceaiul cu frunze vrac.

PENTRU CEL TÂRZII:
d) Preparați o doză de espresso sau pregătiți o ceașcă robustă de cafea folosind aparatul de cafea preferat.
e) În timp ce cafeaua se prepara, într-o cratiță mică, încălziți ușor ½ cană de lapte la foc mic până la mediu până când este fierbinte, dar nu fierbe. Dacă aveți un aparat de spumare a laptelui, îl puteți folosi pentru a spuma laptele pentru un plus de cremozitate.
f) Adăugați espresso-ul sau cafeaua proaspăt preparate în ceașcă, combinându-l cu infuzia preparată de ceai Earl Grey.
g) Introduceți ½ linguriță de muguri de lavandă culinari uscați în ceașcă, ajustând cantitatea în funcție de preferințele dumneavoastră gustative. Simțiți-vă liber să adăugați mai mult sau mai puțin pentru a atinge nivelul dorit de aromă de lavandă.
h) Încorporați ½ linguriță de extract pur de vanilie în amestec și amestecați bine pentru a amesteca ingredientele.

i) Dacă preferați un latte îndulcit, acum este momentul să adăugați miere sau îndulcitorul preferat. Începeți cu 1-2 lingurițe și ajustați în funcție de nivelul dorit de dulceață.

j) Turnați delicat laptele fierbinte și spumos în ceașcă, folosind o lingură pentru a reține spuma, permițând laptelui să curgă mai întâi.

k) Opțional, pentru o prezentare elegantă, împodobește-ți Vanilia, Earl Grey și Lavender Latte cu o stropire de muguri de lavandă uscați sau o floare de lavandă.

l) Încheiați introducând un pai sau o lingură lungă, amestecând ușor latte-ul dumneavoastră și savurând amestecul liniștitor și aromat de arome din această băutură unică!

95. Cafea cu miere de lavandă

INGREDIENTE:
- 1 cană cafea fierbinte preparată
- ½ uncie sirop de lavandă
- ½ uncie miere

INSTRUCȚIUNI:
a) Combinați cafeaua, siropul de lavandă și mierea.

96.Picătură de lămâie de lavandă

INGREDIENTE:
- 2 uncii de vodcă infuzată cu lavandă
- 1 uncie Triple Sec
- ½ uncie suc proaspăt de lămâie
- Crenguta de lavanda pentru garnitura

VODKA CU LEVANDERĂ:
- ¼ cană muguri de lavandă culinari uscați
- 1 cană de vodcă

INSTRUCȚIUNI:
VODKA CU LEVANDERĂ
a) Într-un borcan de sticlă curat, combinați mugurii de lavandă culinari uscați și vodca.
b) Sigilați borcanul și lăsați-l să stea într-un loc răcoros și întunecat timp de aproximativ 24-48 de ore pentru a se infuza. Gustați ocazional pentru a vă asigura că atinge nivelul dorit de aromă de lavandă.
c) Odată infuzată după bunul plac, strecoară vodca printr-o strecurătoare cu plasă fină sau o pânză de brânză pentru a îndepărta mugurii de lavandă. Transferați vodca infuzată cu lavandă înapoi într-o sticlă sau borcan curat.

PENTRU PICĂTĂ DE LĂMÂIE DE LAVANDA:
d) Umpleți un shaker cu gheață.
e) Adăugați 2 uncii de vodcă infuzată cu lavandă, 1 uncie de Triple Sec și ½ uncie de suc proaspăt de lămâie în shaker.
f) Agitați energic până se răcește bine.
g) Strecurați amestecul într-un pahar de martini răcit.
h) Ornează-ți picătura de lămâie de lavandă cu o crenguță de lavandă proaspătă.
i) Bucurați-vă de cocktail-ul tău Lavender Lemon Drop cu notele sale încântătoare florale și citrice!

97.Digestiv cu miere de lavandă

INGREDIENTE:
- 2 căni de vodcă
- ¼ cană de flori uscate de lavandă
- ¼ cană miere
- 1 cană apă

INSTRUCȚIUNI:

a) Combinați vodca, florile uscate de lavandă, mierea și apă într-un borcan de sticlă.

b) Sigilați și lăsați-l să se infuzeze într-un loc răcoros și întunecat timp de 2 până la 3 săptămâni, agitând ocazional.

c) Se strecoară și se păstrează într-o sticlă curată.

98.Lichior de lavandă

INGREDIENTE:
- 6 linguri de masă Petale de lavandă uscată
- 1 Vodcă Fifth 80-Proof
- 1 cană de sirop de zahăr

INSTRUCȚIUNI:
a) Înfundă petalele vodca timp de o săptămână.
b) Se strecoară prin pânză de brânză.
c) Adăugați siropul de zahăr și savurați .

99.Cappuccino cu lavandă

INGREDIENTE:
- 2 linguri cafea instant
- 2 linguri de zahar granulat
- 2 linguri apa fierbinte
- 1 cana lapte (orice tip)
- ½ linguriță muguri culinari de lavandă
- 1 lingurita sirop sau extract de lavanda
- Cuburi de gheata

INSTRUCȚIUNI:

a) Într-un castron, combinați cafeaua instant, zahărul granulat și apa fierbinte.
b) Folosind un mixer electric sau un tel, bateți amestecul la viteză mare până devine gros și spumos. Acest lucru durează de obicei aproximativ 2-3 minute.
c) Într-o cratiță mică, încălziți laptele la foc mic până se încălzește. Adăugați mugurii culinari de lavandă în lapte și lăsați-l la infuzat aproximativ 5 minute.
d) Strecurați laptele pentru a îndepărta mugurii de lavandă și întoarceți laptele infuzat în cratiță.
e) Adăugați siropul sau extractul de lavandă în laptele infuzat și amestecați bine pentru a se combina.
f) Umpleți un pahar cu cuburi de gheață.
g) Turnați laptele infuzat cu lavandă peste cuburile de gheață, umplând paharul în aproximativ trei sferturi.
h) Peste lapte se pune cafeaua bătută, creând un efect stratificat.
i) Amestecați ușor straturile înainte de a le savura.
j) Optional, puteti garnisi cu un strop de muguri culinari de lavanda sau zahar de lavanda deasupra.
l) Servește cafeaua cu gheață Cappuccino Lavanda rece și bucură-te!

100.Lavanda Proffee

INGREDIENTE:
- 1 shake de proteine Café Latte
- 2 linguri de lavandă culinară uscată
- 1 lingurita miere

INSTRUCȚIUNI:
a) Fierbe miere, apă și lavandă culinară pentru a face un sirop simplu.
b) Adăugați siropul într-un pahar umplut cu gheață.
c) Turnați cafe latte Protein Shake și bucurați-vă!

CONCLUZIE

Pe măsură ce încheiem călătoria noastră aromatică prin „COMPANIONUL ESENTIAL DE LAVANDA 2024", sperăm că ați experimentat bucuria de a descoperi frumusețea și versatilitatea lavandei. Fiecare rețetă din aceste pagini este o sărbătoare a aromelor delicate, a proprietăților calmante și a atractivității vizuale pe care levănțica le aduce creațiilor tale - o dovadă a posibilităților încântătoare pe care le oferă această plantă versatilă.

Fie că ați savurat dulceața deserturilor cu infuzie de lavandă, fie că ați îmbrățișat relaxarea aromoterapiei cu lavandă sau ați experimentat cu preparate savuroase cu infuzie de lavandă, avem încredere că aceste rețete v-au aprins pasiunea pentru incorporarea lavandei în diferite aspecte ale vieții tale. Dincolo de câmpurile și florile de lavandă, conceptul de a descoperi frumusețea și versatilitatea lavandei să devină o sursă de inspirație, relaxare și o sărbătoare a bucuriei care vine cu fiecare creație încântătoare.

Pe măsură ce continuați să explorați lumea lavandei, „COMPANIONUL ESENTIAL DE LAVANDA 2024" poate fi ghidul dumneavoastră de încredere, oferindu-vă o varietate de rețete încântătoare care prezintă frumusețea și versatilitatea acestei plante îndrăgite. Iată că savurați esența delicată a lavandei, îmbrățișând momentele de liniște și să vă bucurați de frumusețea care vine cu fiecare deliciu cu infuzie de lavandă. Noroc lavandă!

www.ingramcontent.com/pod-product-compliance
Lightning Source LLC
Chambersburg PA
CBHW050147130526
44591CB00033B/1047